El PODER
DE LA
PALABRA
DE DIOS

EL PODER
DE LA
PALABRA
DE DIOS

El PODER DE LA PALABRA DE DIOS

JOSUÉ YRION

GRUPO NELSON
Una división de Thomas Nelson Publishers
Desde 1798

NASHVILLE   DALLAS   MÉXICO DF.   RÍO DE JANEIRO

Publicado por
GRUPO NELSON
Una división de Thomas Nelson Publishers
Desde 1798

www.gruponelson.com

Publicado por Editorial Betania,
un sello de Editorial Caribe,
una división de Thomas Nelson, Inc.
Nashville, TN—Miami, FL (EE.UU.)
www.caribebetania.com

ISBN: 978-0-88113-674-6

Impreso en EE.UU.
Printed in U.S.A.

22ª Impresión, 02/2010

Contenido

Presentación   ix

Dedicatoria   1

Prólogo   3

1. La fuente eterna de Dios   7

2. El poder de la Palabra de Dios   33

3. ¿Qué es la Biblia para nuestro corazón?   59

4. Escrita con un propósito   80

5. Un mandato para el pueblo de Dios   101

6. La Biblia nos exhorta a través de sus palabras   130

7. Los impíos, los salvos y su relación con la Palabra   168

«Procura con diligencia presentarte a Dios
aprobado, como obrero que no tiene de qué
avergonzarse, que usa bien la palabra
de la verdad».
2 TIMOTEO 2.15

«Para nosotros, los ministros de Dios, no hay nada más extraordinario que oír a otro predicador disertar su sermón, predicando dentro del tema, siguiendo la misma linea de pensamiento en su introducción, cuerpo y conclusión; que sea un predicador genuino, íntegro, sabio, poderoso en el conocimiento de las Escrituras. Que sea versado en la homilética y hermenéutica, que tenga autoridad y poder, y sobre todo, humildad en reconocer que su ministerio pertenece a Dios y que el Señor no lo usa por su habilidad en la oratoria o por sus estudios teológicos...»

(Extraído del sermón predicado por el Rev. Josué Yrion en
Kristiansand, Noruega, en Agosto de 1998.)

Presentación

En este libro, Josué Yrion imprime dos de las principales marcas de su ministerio: Su apasionado amor por Cristo y su compromiso radical con la verdad de las Escrituras. Cuando leemos *El poder de la Palabra de Dios*, sin duda una lectura veraz y fiel a la revelación bíblica, no nos encontramos solamente con un desafío al compromiso integral con los principios inmutables de la Biblia, sino que también nos estimula y nos dirige hacia caminos para una vida cristiana llena de victorias y de la unción del Espíritu. Este libro le traerá ciertamente santa inquietud a su corazón. Algunos hallarán las verdades que presenta muy radicales, otros se sentirán afectados o tal vez incomodados con ciertas afirmaciones, pero aquellos que verdaderamente quieran leer este libro en espíritu de oración y dispuestos a la obra del Espíritu, serán ricamente bendecidos y despertados para vivir una vida cristiana más intensa, y estarán dispuestos a expandir el Reino de Cristo a través del poder de la Palabra de Dios en el mundo de habla hispana.

Dedicatoria

Dedico en primer lugar este trabajo literario al Señor Jesucristo. Solamente Él sabe el esfuerzo, la entrega y la pasión que deposité en sus páginas para que fuera una realidad en medio de tantos viajes, cruzadas, y del agotamiento físico que estas actividades producen. Gracias a Dios, el Señor me dirigió a predicar estos sermones, transformados ahora en este libro, que fueron de gran bendición para miles de almas que los oyeron. Estoy seguro que serán también de bendición a todos aquellos que los lean a través de las páginas de este libro. Es por eso que le ofrezco a Dios mi primer libro, porque solamente Él es digno de la alabanza, la gloria, y la honra por toda la eternidad.

En segundo lugar, lo dedico a mi amada esposa Dámaris que con gran sabiduría y discernimiento espiritual ha sido mi ayuda idónea y fiel compañera de ministerio colaborando con sus juiciosos consejos, su vida de oración y palabras de aliento. Dámaris, sin ti no hubiera sido posible la realización de este trabajo.

En tercer lugar, quiero dedicar este libro a mis queridos hijitos: Kathryn y Joshua Yrion Jr., quienes con cariño y un enorme sentimiento de abnegación entienden mi ministerio como evangelista. Ellos saben de mi llamado y de la necesidad de mis constantes viajes y ausencia del hogar para poder llevar a cabo tan importante labor. Hijtos, muchas gracias por recibir siempre de vuelta con sus abrazos y besos a este padre que también llora por la distancia que muchas veces nos separa y que, por estar del otro

1

lado del mundo, se ha perdido la oportunidad de estar presente en sus cumpleaños y otras fechas festivas para abrazarles.

Dedico también con todo mi corazón este libro a mis queridos padres Jesús Pujol y María Ione Minussi, los que me enseñaron el camino del Señor desde mi niñez y me apoyaron en todo cuando Dios me llamó a su ministerio.

Por último, quiero dedicar este libro a todos aquellos que siendo creyentes o no creyentes busquen en él la oportunidad de cambiar sus vidas a través del entendimiento que solo la Biblia, la Palabra de Dios, les puede dar. Las páginas de este libro le llevarán a una paz verdadera que solamente en Cristo podemos encontrar porque fueron inspiradas por el Señor y porque están basadas en la Biblia, el libro que revela la fuente de la redención humana. Solo ella es capaz de conducir a los hombres al arrepentimiento y a encontrar el perdón, regenerando y justificando a su vez a las almas por medio de Jesucristo, el verdadero Dios, mediante su sangre derramada en la cruz del Calvario. Ojalá que las palabras de este libro le recuerde las palabras del apóstol Juan: «Pero éstas [cosas] se ha escrito para que creáis que Jesús es el Cristo, el Hijo de Dios, y para que creyendo, tengáis vida en su nombre» (Juan 20.31).

Esta obra concreta un antiguo sueño que nació hace muchos años y que ahora pude hacer realidad. Por eso dedico a todos los mencionados anteriormente este libro con todo mi corazón, alma y espíritu.

Rev. Josué Yrion
Los Angeles, California
Enero de 2002

Prólogo

E l énfasis del ministerio de Jesús fue la predicación de la Palabra de Dios. Todo su mensaje llevaba a una sola dirección, a la necesidad del arrepentimiento y de un cambio radical en todos los aspectos de la vida práctica, enseñándonos que las palabras no llevan a ningún lugar si no hay un cambio de actitud de aquel que las oye.

Jesús podía predicar respecto a muchos temas a un grupo seleccionado de personas, los que después de oír sus palabras, quedaban perplejos del mensaje y la manera en que Cristo lo presentaba.

Nosotros sabemos que Jesús, como predicador, estaba mucho más comprometido con su Palabra y con el mensaje que ella llevaba de lo que representaba su oratoria o el reconocimiento de una clase selecta de oyentes.

En una época de crisis de carácter, Jesús se presentó con los principios de una nueva manera de vivir. Sus mensajes predilectos, si así lo podemos decir, pueden ser encontrados con frecuencia en diferentes situaciones, como en los versículos de Mateo 18.4, Lucas 14.11 y 18.14. Estos mensajes son una advertencia divina para quien desea y se preocupa demasiado en ser importante. Las Escrituras declaran: «Porque el que se enaltece será humillado y el que se humilla será enaltecido» (Mateo 23.12).

En todas las palabras que Jesús decía, Él tenia un compromiso con la verdad. Muchas veces los fariseos intentaron sorprenderle en alguna palabra con el propósito de comprometerlo, pero nunca encontraron en la actitud de Cristo algo que comprometiera la integridad de su vida en relación a su mensaje.

Estamos viviendo hoy un momento muy especial en que surgen casi diariamente un gran número de predicadores del mensaje de Cristo. La iglesia universal de habla hispana está repleta de grandes hombres de Dios con una formidable capacidad de expresión teológica, hombres académicamente preparados, habilitados para usar el púlpito de sus iglesias y predicar con mucha elocuencia mensajes que nos hacen llorar de emoción. Sin duda, son grandes predicadores. Así mismo, nos asalta una pregunta: ¿Será que como Jesús estaremos nosotros, ministros de Dios, viviendo la Palabra que decimos predicar y comprometidos con ella sin restricciones?

Hacer la introducción de un libro con este título es para mi muy comprometedor. Por lo menos, en dos aspectos: ¿Estaré yo en condiciones de hacerlo? Y en un segundo lugar, ¿goza el autor de integridad acreditada para escribirlo? El temor a un Dios santo y maravilloso nos hace temblar. Pero lo hago con humildad, sin méritos ni vanagloria, solamente por la gracia del Señor Jesús. Y porque además, estoy comprometido con la Palabra de Dios, y con el siervo y autor de este libro a quién conozco por más de 12 años, y sé que su vida íntegra, amparada por la gracia del Señor, puede sostener lo que escribió. Doy testimonio de su humildad y del temor del Señor. El énfasis de este libro es en verdad *El Poder de la Palabra de Dios*. El título lo dice todo y nos lleva a un desafío para descubrir nuestra responsabilidad con las Sagradas Escrituras, la Biblia. Este libro nos muestra el camino de un Dios que continua siendo lo que siempre fue: ¡Fiel a su Palabra!

4

Los mensajes de este libro, ya conocidos a través del púlpito, serán una fuerte referencia para miles de personas que desean comprometerse con las Escrituras. Que Dios pueda bendecirlos grandemente durante la lectura de esta obra y que el poder del Espíritu Santo llene su corazón de temor y de un deseo ardiente de poner en práctica y sin reservas los principios espirituales contenidos en la poderosa Palabra de Dios.

Pr. Wilmar Silveira
Director Internacional del
Ministerio de Josué Yrion
Lodi, New Jersey, enero de 2002

— 1 —

La fuente eterna
de Dios

En cierta ocasión, cuando Kathryn tenía dos añitos y medio y Josué Jr. apenas uno, jugaban en la sala de la casa. Junior tomó la muñeca de Kathryn y salió corriendo. Ella fue tras él y le dijo: «Devuélveme mi muñequita», y arrancó su muñeca de las manos del pequeño Junior. Por segunda vez, él tomó la muñequita y salió corriendo nuevamente. Kathryn, corriendo atrás, otra vez arrebató la muñeca de sus manos. Como si esto no fuera suficiente, Junior tomó por tercera vez la muñequita y escapó de Kathryn. Entonces ella, ahora un poco más irritada, se acercó muy cerquita de Junior y, fijando en él sus ojitos pequeños, dijo: «Junior, devuélveme mi muñeca en el nombre de Jesús». Mi hijo menor, le devolvió la muñeca y se fue. Kathryn se acercó a mi esposa Dámaris y le dijo: «Mamá, hay poder en el nombre de Jesús, hay poder en el nombre de Jesús...» El poder en el nombre de Jesús es el tema que desarrollaremos en este libro. Disponga su corazón para oír la voz de Dios, pues es a Él a quien nos vamos a referir.

Una necesidad fundamental

Hoy, indiscutiblemente, precisamos retornar a la Palabra de Dios. La Iglesia necesita regresar al poder de la Palabra. Los pas-

7

tores necesitan volver a predicar la Palabra de Dios. El escritor del libro a los Hebreos afirma: «Porque la **Palabra de Dios** es viva y eficaz, y más cortante que toda espada de dos filos; y penetra hasta partir el alma y el espíritu, las coyunturas y los tuétanos, y discierne los pensamientos y las intenciones del corazón» (Hebreos 4.12).

Las Escrituras nos declaran que la **Palabra de Dios** es viva. Lo fue ayer, lo es hoy y lo será eternamente. Ella no es arcaica o moderna, es eterna. En este tiempo en el que las iglesias alrededor del mundo han sido negligentes con la Palabra de Dios y predicaron otras doctrinas, otras filosofías, necesitamos volver a sus enseñanzas, retornar a su sabiduría y a su poder.

Visité algunos días la ciudad de Madras, India. Allí asistieron aproximadamente setenta mil personas a nuestra cruzada, seis mil setecientas de ellas rindieron su vida a Cristo aquellos días.

La primera noche, el Señor abrió los ojos de una mujer ciega. El segundo día, un paralítico caminó en la plataforma. Hubo milagros y prodigios extraordinarios. ¿Por qué? Porque la Palabra de Dios, el simple evangelio de la cruz fue predicado. La Palabra de Dios cambió a los hindúes y transformó miles de vidas. Rompió y desplazó el poder del diablo. Este es el misterioso poder de la Palabra de Dios. Las Escrituras nos afirman que la Palabra de Dios es viva. ¿Pero qué es la Palabra de Dios?

La singularidad de la Biblia

Hace miles de años comenzaron a escribir un libro que resistiría las críticas más cínicas de sus enemigos y el examen más minucioso y crítico de las mentalidades más brillantes del globo. La Biblia sufrió, a lo largo de los años, todos los ataques posibles e imaginables de sus críticos alrededor del mundo. A pesar de eso, la Biblia se levanta majestuosa como la campeona de lectura de todas las edades, como la heroína invicta, amiga de millones y millones de personas que encontraron en ella la paz, el bienestar espiritual y la seguridad de la vida eterna.

En mis viajes por los países árabes, musulmanes, socialistas o comunistas, o hasta en los países budistas de Asia, pude percibir que muchos intentaron destruir la Palabra de Dios, pero no lo consiguieron y jamás lo conseguirán. Miles ya intentaron ridiculizarla, pero toda tentativa ha sido y será vana. La Biblia es el libro más vendido del mundo y el más leído día tras día. ¿Cuál es el secreto indiscutible del triunfo de la Palabra de Dios? ¿Será que llegará el día en que su influencia se desvanecerá y perderá su poder?

En 1985, visité todos los países de la entonces temida cortina de hierro comunista: Polonia, Checoslovaquia, Hungría, Rumania, Bulgaria, Yugoslavia y la ex Unión Soviética. Experimenté y vi la gran necesidad que tenían nuestros hermanos en aquellos países de poseer un ejemplar de la Palabra de Dios. Mientras que en los países occidentales las Biblias están llenas de polvo y en el olvido de gran parte de los cristianos, atrás de la cortina de hierro, millones de personas anhelaban poseer una Biblia y compartirla con su familia. Todavía hoy, en los países comunistas de Asia, o sea, en la cortina de Bambú, en naciones como China, Corea del Norte, Birmania, Vietnam, Camboya, Laos, etc., miles de cristianos están siendo apresados, torturados, fusilados y muertos simplemente por el «crimen» de poseer un ejemplar de la Palabra de Dios, la Biblia.

En Cuba, no hace mucho tiempo atrás, miles de Biblias enviadas desde los Estados Unidos fueron quemadas por el gobierno local. Los soldados del régimen comunista de Fidel Castro incendiaron las Biblias en una unidad militar de Managua, municipio de Arroyo Naranjo, con el pretexto de que eran libros «subversivos». Testigos oculares informaron que miles de Biblias fueron tiradas desde un camión hacia un foso y quemadas. En la tapa de las Biblias estaba escrito: «Cuba para Cristo». Al gobierno no le gustó el título, pues debería ser «Cuba para Fidel». Ya hace por lo menos cuarenta años que el gobierno comunista de Cuba intenta destruir la Palabra de Dios. Hace treinta años, de una sola vez, quemaron cien mil Biblias y después veintisiete mil más. Fidel Castro, sin embargo, jamás conseguirá destruir lo que Dios estableció. Pues está escrito: «Edificaré mi iglesia; y las puertas del Hades no prevalecerán contra ella» (Mateo 16.18).

Un libro fascinante

La Biblia es el libro más fascinante que se haya escrito. En el año 1968 solamente, fueron distribuidos ciento diez millones quinientos mil ejemplares. Está presente en todo el mundo y está traducida en aproximadamente mil doscientos cincuenta idiomas diferentes. Un diario de Londres publicó una nota acerca del extraordinario volumen de ventas de la Biblia, diciendo que, solamente en aquel año, había excedido el total de los diez libros más vendidos en Inglaterra durante los últimos diez años. ¡Qué valor tiene la Palabra de Dios! Cuando consideramos declaraciones como esas, sin duda vienen preguntas a nuestra mente. ¿Qué es la Biblia? ¿Cómo es que se ha mantenido durante siglos y ha soportado las críticas y ataques de sus enemigos y todavía conserva su poder y autoridad? ¿A qué se debe su admirable influencia, y por qué razón innumerables personas la han leído, amado y han seguido sus reglas fielmente? ¿Por qué muchos dieron su propia vida por ella, antes que negar su veracidad e infalibilidad?

¿Por qué ella posee un poder tan especial para guiar la vida del hombre por la rectitud, integridad y valores morales? ¿Por qué reyes, presidentes, gobernadores, estadistas, médicos y profesionales, así como personas comunes, le han dado un lugar primordial en sus bibliotecas, y debido a qué razón sabios, literatos y científicos han buscado en ella una fuente de inspiración para sus obras? ¿Qué es la Biblia?

La Biblia posee el poder sobrenatural de Dios. Sus líneas escritas salieron de la boca del Altísimo. No son letras de hombres, pero, como afirmó Pedro en su segunda carta: «Entendiendo primero esto, que ninguna profecía de la Escritura es de interpretación privada, porque nunca la profecía fue traída por voluntad humana, sino que los santos hombres de Dios hablaron siendo inspirados por el Espíritu Santo» (2 Pedro 1.20,21).

En ella no hay contradicciones o errores humanos. Es perfecta en todos sus escritos, porque no consiste en palabras de hombres, pues es la Palabra de Dios escrita. Al comprar un frasco de medicina, frecuentemente leemos en el prospecto: Contraindicaciones o efectos secundarios. Tal vez allí diga: «Si usted es alérgico a las sustancias contenidas en esta medicina, no haga uso de ella». Pero la Palabra de Dios no posee contraindicaciones. Todo lo que está escrito en ella es perfecto; no hay errores ni contradicciones. ¡Aleluya! Este es el poder de la Palabra de Dios. Ella es y siempre será la eterna Palabra del Divino y Poderoso: la regla de la moral y la decencia, la guía espiritual y la brújula para las decisiones de nuestra vida.

La Biblia es una fuente de revelación

Dios se ha revelado al hombre a través de su Palabra. El cristianismo no es religión en su sentido común y vulgar. La palabra religión viene del latín *«religare»*, cuyo significado es unir al hombre con Dios. Eso es lo que las religiones intentan hacer, pero siempre a través de esfuerzos humanos. El hombre jamás podría ni puede ir a Dios por sí mismo. La religión, en su sentido más amplio, es el esfuerzo inútil del hombre de llegar a Dios por sus propios medios o por sus obras. El cristianismo consiste en el hecho de que Dios envió a Cristo Jesús al mundo para salvar al hombre, muriendo en la cruz del Calvario en su lugar. Eso es lo que nos afirma el apóstol Pablo en su carta a los efesios: «Porque por gracia sois salvos por medio de la fe; y esto no de vosotros, pues es don de Dios; no por obras, para que nadie se gloríe» (Efesios 2.8,9).

La Biblia es específica y simple. Usted puede creer en ella, en la obra y en los hechos de la cruz y ser salvo mientras la está leyendo. Usted puede ser sanado de sus enfermedades y a la vez recibir el poder del Espíritu Santo. Todo lo que tiene que hacer es creer en la Palabra de Dios como única regla de fe y autoridad para su vida, entregar su corazón a Cristo, y Él escribirá su nombre en el Libro de la Vida. La Biblia relata en el Evangelio de Juan: «En el principio era el **Verbo**, y el **Verbo** era con Dios, y el **Verbo** era Dios» (Juan 1.1). El versículo once del mismo capítulo nos afirma que Cristo «A lo suyo vino, y los suyos no le recibieron». Dios se reveló al hombre por su Palabra (verbo) encarnada, Cristo, quien es también la eterna Palabra de Dios a los hombres.

El mayor poder que hay en el mundo no es el poder de las bombas y misiles militares, no es el poder del ejército, no es el poder de los aviones supersónicos, no es el poder de los gigantescos tanques de guerra, ni aun el poder de los enormes navíos portaaviones o el poder político de Washington o de cualquier otra potencia mundial. El mayor poder que hay en el mundo es el poder de la Palabra de Dios, el único y verdadero Dios, y después de Él no hay otro. Cuando predicamos la Palabra con poder y autoridad, Dios cambia, transforma, salva y restaura a las personas que creen en el poder de su Palabra. Personalmente, he predicado esta Palabra desde Alaska hasta Chile, desde España hasta Japón, en todos los continentes y en por lo menos sesenta países alrededor del globo y, hasta ahora, jamás he perdido ningún argumento. Nunca la Palabra sufrió siquiera una derrota; nunca sus enemigos pudieron triunfar sobre ella. Al contrario, siempre la exalté como un buen soldado de Cristo, siempre la prediqué con simplicidad, pero también con poder y unción de la autoridad divina que ha revestido mi vida. Cuando estoy en el púlpito escucho, como decía D.L. Moody, «Otra voz; la voz del Espíritu Santo».

La Biblia es una fuente de literatura

La Biblia es la fuente de literatura de más credibilidad en el mundo, en virtud de sus excelentes escritos. A ella le cabe el mérito de tener entre sus páginas el libro de Job, considerado el primer drama del que se tiene noticia en la historia; el libro de Salmos, que es la colección poética más antigua del mundo. Su valor literario reside en lo sublime de sus temas y en la calidad de sus escritos. Muchos de los poetas y escritores de Roma y de la Grecia Antigua fueron personas inmorales, corruptas, sensuales y pervertidas. Por lo tanto, los temas que escogieron para sus obras reflejaban lo que ellos eran. En sus escritos se encontraban religiones falsas y ridículas, guerras y heroísmo fanáticos y ambiciosos, llenos de amores impuros y de sexualidad, que atentaban contra la santidad de la familia, y de adoración a dioses paganos y extraños, condenables por la Palabra de Dios.

Los escritos de la Palabra son santos y puros, promotores de vida y amor perfecto. Los escritores hebreos fueron inspirados por Dios; hombres santos en su manera de vivir y puros de corazón. Escribieron a favor de la felicidad y del bienestar del hombre y la familia. Proclamaron las perfecciones y atributos divinos en sus escritos y exaltaron a Dios en los temas que escogieron. Eran hombres santos, humildes y temerosos de Dios. Escribieron palabras extraordinarias que cambiaron miles de vidas a través de la historia. Este es el poder de la Palabra de Dios. Los poetas hebreos se encontraban entre los hombres más sublimes de su nación. Entre ellos hubo reyes de carácter elevado, jueces de enorme integridad, héroes de los más renombrados y legisladores cuya fama alcanzó los confines de la tierra. Entre ellos están Moisés, David, Salomón, Job, Isaías, Jeremías y muchos otros.

Un joven checoslovaco dijo en cierta ocasión: «Un misionero que vino aquí me dio un versículo de la Biblia, era un pedacito de papel muy pequeño, pequeñito. Comencé a amar ese versículo, a memorizarlo, a estudiarlo y leerlo de día y de noche». Ese joven caminó por las calles de su país muy alegre porque tenía en sus manos un versículo de la Palabra de Dios. Eso aconteció cuando Checoslovaquia todavía era comunista. Viendo la actitud que tenía este muchacho, su pastor le dijo: «Tú no puedes gritar por las calles ¡Gloria a Dios! ¡Gloria a Dios! Este es un país socialista y te llevarán a prisión». El joven exclamó diciendo a su pastor: «El versículo que me dio el misionero decía: «Y vino la Palabra de Dios a Jeremías, y si la palabra de Dios fue a Jeremías, ella puede venir a mí también y vino». Ame la Palabra de Dios, léala, estúdiela, obedézcala y crea en ella con todo su corazón. No hay otro libro igual en la faz de la tierra que pueda ser comparado con la Biblia.

En 1985, cuando estuve en Grecia, en la ciudad de Atenas, subí al Areópago, lugar donde Pablo predicó a los filósofos epicúreos y estoicos. Desde allí, pude observar la Acrópolis y el Partenón, símbolos de la sabiduría ateniense, lugar donde enseñaron Platón, Sócrates y Epicúreo. ¿Qué es hoy la Acrópolis y el Partenón, donde los filósofos griegos escribieron sus obras y hablaron de sus grandezas? Polvo; todo se redujo al polvo y al olvido. Sus grandes teatros y auditorios son piedras llenas de polvo por causa del suelo donde se pisa. Todo terminó. Compare la gloria humana con la majestad de la Palabra de Dios: «Sécase la hierba, marchítase la flor; mas la palabra del Dios nuestro permanece para siempre» (Isaías 40.8). Esta es la diferencia entre los escritos humanos y los divinos.

La Biblia es una fuente de historia

Entre las fuentes de la historia, la Biblia es un verdadero tesoro, y es por eso que muchos historiadores se han valido de ella para extraer datos de un valor histórico incalculable. La Biblia no solamente nos da una excelente, bien organizada y detallada historia de la civilización hebraica, también ofrece datos importantísimos sobre otras civilizaciones antiguas como la egipcia, la persa, la media, la babilónica y la romana. Existen muchas verdades históricas de las cuales, sin los escritos bíblicos, los historiadores jamás tendrían conocimiento. Es claro que hubo un tiempo en que dudaron de algunas afirmaciones de la Biblia como fuente histórica. Pero, poco a poco, mediante los descubrimientos arqueológicos, fueron dándose cuenta de que ella tenía razón. Hasta hoy, nada se puede probar contra los hechos históricos en ella relatados. Ninguna universidad, profesor o intelectual se atreve a dudar de la Biblia como fuente de sabiduría y autoridad con relación a los conocimientos históricos registrados en las páginas de ese libro santo, poderoso, profundo e infalible.

Actualmente, las revistas de arqueología de los Estados Unidos dan gran énfasis a los descubrimientos realizados recientemente, y el crédito de ellos ha sido atribuido a la Biblia. Un ejemplo fue el descubrimiento de un esqueleto en Israel, en la ciudad filistea de Askalon. El cráneo tenía un orificio en el medio de la frente y fue considerado como el de Goliat. Imaginen el impacto que tuvo en los universitarios, especialmente en aquellos que no creen en la Palabra de Dios, en los ateos y agnósticos, cuando el museo arqueológico de Jerusalén mostró al mundo el esqueleto y la calavera que ellos creen que pertenece a Goliat de Gat, de acuerdo al relato bíblico en el libro del profeta Samuel.

La Biblia es una fuente de redención

¿Qué es la redención? Es libertad. Consiste en el hecho de que alguien paga el precio que usted mismo debería pagar por su crimen y lo deja libre. En la redención cristiana, alguien redimió su vida, lo compró por un precio muy elevado que usted no podía pagar. La Biblia nos dice que Cristo nos redimió en la cruz del Calvario al morir por nosotros. Él dio su vida por nosotros. De otro modo, estaríamos perdidos eternamente, sin salvación. Pero Él pagó el precio para comprar nuestra alma, para curar nuestras enfermedades y escribir nuestro nombre en el Libro de la Vida.

En la carta a los efesios, Pablo nos habla de la redención que obtuvimos por medio de Cristo: «En quien tenemos redención por su sangre, el perdón de pecados según las riquezas de su gracia» (Efesios 1.7). La Biblia no solamente revela el amor, la justicia y la santidad de Dios, sino que también nos muestra la necesidad espiritual de volvernos a Él. Revela nuestra caída y nos ofrece el remedio para nuestra enfermedad espiritual: La sangre del Cordero de Dios, Jesucristo. Dios se reveló al hombre por las páginas de la Biblia y alcanzó el punto culminante de esa revelación en la persona sublime de Jesucristo. Este es el mensaje central de la Biblia: Dios vino al hombre a través del nacimiento, vida, muerte y resurrección de su hijo Jesucristo.

Se cuenta que, durante el período de esclavitud en los Estados Unidos, un barco procedente de África llegó a las costas del Estado de Georgia. Los hombres que comprarían los esclavos estaban esperando en la plaza pública donde estos serían presentados y vendidos. Muchos dueños de ingenios y de grandes campos para la agricultura, compraron cantidades enormes de esclavos para el trabajo arduo, difícil y pesado. Pero, en medio de toda esa compra y venta de seres humanos en el tiempo de la esclavitud negra en los Estados Unidos, llegó un hombre bien vestido, miró fijamente a los ojos de uno de los esclavos que estaban a la venta, observó su boca, sus piernas, sus brazos, sus espaldas y, dirigiéndose al que lo mantenía atado, preso en un tronco en el medio de la plaza, le dijo: «¿Cuál es el precio de este esclavo?» La respuesta que recibió, por la expresión de su rostro, indicaba una gran cantidad de dinero. De todos modos, calmada y gentilmente, sacó su billetera junto con una bolsita de monedas de plata y oro, las dejó caer en las manos del guardia y dijo: «¡Compro este, me gustó!» Inmediatamente el guardia se lo entregó. Cuando ya tenía su posesión, con cariño y ternura sacó las cadenas de las manos, pies y cuello del esclavo, las dejó caer al piso y, para sorpresa de todos, le dijo: «Ahora eres libre. Yo compré tu

17

libertad por un precio muy elevado que tú no podías pagar. Puedes irte; fuiste comprado y ahora eres libre, yo te redimí de la esclavitud, de la miseria, de las cadenas y de la prisión. Eres libre para siempre».

Esto fue exactamente lo que Cristo hizo por nosotros. Él pagó el precio, nos hizo libres, rompió las cadenas que nos tenían aprisionados, nos libró de la prisión de nuestros pecados y nos dejó ir libres de culpa. Fuimos redimidos por Él. ¡Aleluya!

Así es que miles de personas han buscado ayuda en la Biblia en los momentos de desesperación, frustración, confusión y angustia. Muchos alrededor del mundo han encontrado en ella una fuente de redención en la persona de Cristo. Hallaron descanso para su vida y salvación para su alma.

Napoleón, cuando se encontraba exiliado en la isla Santa Elena, al encontrar y leer el Nuevo Testamento, dijo: «Yo estaba haciendo una revolución a fuerza de guerra, de espadas, de escudos y lanzas, pero, leyendo las páginas de este libro, descubrí que Cristo hizo una revolución mucho mayor que yo, sin violencia ni destrucción. Desató la revolución del amor y de la libertad espiritual mediante la sangre de su cruz». ¿Qué significa la Biblia para usted? ¿Ha separado un tiempo para leerla a lo largo del año? ¿Qué representa ella para su vida y su familia? ¿Cuánto tiempo dedica por día a la lectura o al estudio de la Palabra de Dios para descubrir el poder de las Escrituras?

La Biblia es una fuente de inspiración

Un joven estaba preparando su valija para viajar a la universidad donde se quedaría por lo menos cuatro años. Al arreglar sus pertenencias, dejó en el rincón de su valija un pequeño espacio vacío. Su amigo, al observarlo mientras colocaba su ropa, preguntó qué pondría en aquel espacio vacío. El joven rápidamente respondió:

—Voy a colocar una linterna, un martillo, una espada, un mapa y un espejo.

El amigo exclamó:

—¡Ah, esto es imposible, ahí no caben todas esas cosas!

A lo que el joven universitario respondió:

—En este pequeño rincón de la valija colocaré mi Biblia, que es todo eso y mucho más.

¡Aleluya! Aquel joven, yendo hacia un terreno hostil, como lo son las universidades de hoy, encontró inspiración en la Palabra de Dios.

Al saber que la Biblia contiene sesenta y seis libros diferentes, escritos durante varios siglos por cuarenta autores diferentes, y considerando que tales autores vivieron en tiempos y regiones distintas, llegamos a la conclusión de que solamente Dios podría haber inspirado a tales hombres. Algunos de sus autores fueron reyes, otros estadistas, profetas, legisladores, soldados, generales. Otros, campesinos, héroes de guerra, escribas... Algunos textos fueron escritos por un pastor de ovejas, otros, por un poeta, por un cobrador de impuestos, por un médico, por un discípulo amado, por un simple pescador. Otros, por un apóstol conocedor y políglota. Cuando verificamos que todos estos autores hablaron dentro de una línea perfecta de pensamiento, con la misma exactitud y sin lo más mínimo de incoherencia o discordancia a través de miles de años, llegamos a concluir que solamente una mente divina, extraordinaria y perfecta podría haber inspirado a tales hombres. Todos apuntaron a un único tema: El Mesías redentor, Cristo Jesús, que habría de venir al mundo.

Supongamos que escogiéramos los sesenta y seis mejores libros de medicina de los últimos mil quinientos años y que hubieran sido escritos por cuarenta especialistas diferentes sobre un mismo asunto, por ejemplo, el tratamiento de una enfermedad específica. Si colocáramos esos libros en un mismo volumen, ¿cree que los cuarenta médicos tendrían un mismo concepto? ¡Imposible! En virtud del avance de la tecnología, cada médico, considerando su época, diría una cosa diferente debido al progreso de la medicina. Aquí está la diferencia entre la Biblia y los libros comunes. Todos los autores bíblicos expresaron lo mismo, y ningún otro libro jamás lo hizo. Los mejores escritos de medicina o de ciencia se volvieron antiguos en menos de veinte años. La Biblia es el único libro capaz de mantenerse en el mismo nivel de progreso actual.

Por esa razón, la Biblia posee un liderazgo mundial en la historia y en la cultura. Lo que necesite buscar en otro libro, búsquelo en la Biblia, pues ella ya lo tiene. Es de gran inspiración saber que la Palabra de Dios es única en todos los sentidos. Es un libro fascinante, incomparable; no hay ejemplar sobre la faz de la tierra con el cual podamos compararlo. No existe y jamás existirá. La Biblia es el Libro de los libros, es imbatible, indestructible y también un libro invencible. Pasaron los tiempos de Marx, Stalin, Lenin y Mussolini. ¿Dónde están ellos? Generaciones vienen y se van, imperios se levantan y caen. ¿Dónde están ellos? La Palabra de Dios permanece en nuestras manos. Será con ella que venceremos el poder del infierno. El apóstol Juan nos afirma: «Os he escrito a vosotros, jóvenes, porque sois fuertes, y la palabra de Dios permanece en vosotros, y habéis vencido al maligno» (1 Juan 2.14). Es una fuente de inspiración saber que ya lo hemos vencido por la Palabra.

Hace algunos años, en la Universidad de Massachusetts, en los Estados Unidos, un grupo de médicos descubrió que la lengua domina todo nuestro cuerpo, nuestras acciones y actitudes a través de su nervio central. ¡Qué atrasada está la ciencia de nuestros días, pues Santiago ya había dicho esto hace dos mil años en su libro! ¡Qué fuente de inspiración es la Biblia! Ella va al frente de la tecnología y del progreso humano. ¡Ella es eterna!

La noticia que leerán mañana en el periódico *The New York Times* o en cualquier otra publicación del mundo, la Biblia ya la tiene hoy. Ya conocemos sobre la falsa paz de Israel con los árabes. Ya sabemos que el tratado de paz que el ex presidente Bill Clinton negoció con Siria no resultará. Sabemos que el mundo se está preparando para recibir al Anticristo. Y también sabemos que, en breve, los cielos se abrirán, las trompetas tocarán, y la Iglesia subirá para estar por siempre con Él. ¡Aleluya! E.M. Goodchild dijo: «La Biblia es el único libro que satisface enteramente las necesidades de todos los hombres y los inspira a una vida plena. Ella fue de vital importancia a los hombres que vivieron hace miles de años y es de igual importancia al hombre moderno. Conviene a los hombres de todos los pueblos, sean ellos del oriente o del occidente; de las zonas frías del norte o de las regiones calientes del sur. Ella deleita a los niños y nunca cansa al anciano. El ignorante la entiende, y el sabio y culto se fascina con ella. Conviene al erudito, al filósofo, y al poeta para realizar sus obras más profundas, al encontrar en las páginas divinas su inspiración». En resumen, su tema central es el hombre y su relación con Dios; su objetivo es la salvación de las almas perdidas, y sus consecuencias son eternas.

Un lugar separado para la Biblia

Usted puede tener una biblioteca, así como yo tengo la mía. Pero coloque la Biblia en un lugar separado de los demás libros. Como dijo Rui Barbosa: «Si la coloco debajo de todos los libros, ella es la que sostiene a los demás; si la coloco en medio, ella es el corazón de esos libros, y si la ubico encima de los otros libros, ella es la cabeza y autoridad de todos los libros de mi biblioteca». El Dr. Van Paul Kenger habló en cierta ocasión: «Todavía no comprendo la mitad de las glorias de la Biblia, a pesar de haberla leído por más de cuarenta años de día y de noche. Cuando la sabiduría de la Biblia se agote, tendré tiempo para leer obras como Shakespeare o la Goethe; mientras tanto, la leeré nuevamente durante los próximos cuarenta años...». D.L. Moody dijo cierta vez: «Yo pensaba que oraría y la fe vendría como un rayo, pero descubrí que la fe viene por el oír y por el oír la Palabra de Dios». Richard Wurmbrand dijo que la Biblia fue la que lo sustentó durante sus años en la prisión por causa del Señor. Fue él quien escribió el libro titulado *«Torturado por amor a Cristo»*. Nuestros hermanos bautistas en la ex Unión Soviética y en la China han dado su vida por amor a Cristo. ¿Por qué lo hacen? ¿Qué es lo que los impulsa a morir por Cristo, qué los sustenta en esos momentos? ¡Es el conocimiento de la Palabra de Dios! Podríamos quemar el noventa por ciento de todos los libros del mundo, pero, si diéramos a cada niño de la faz de la Tierra un ejemplar de la Biblia, tendríamos una generación de hombres y mujeres valientes, honestos, íntegros, moralmente rectos y temerosos de Dios.

En virtud del pecado del hombre y de su desobediencia, los incrédulos se han lanzado contra las enseñanzas de la Biblia con toda su furia. Pero ellos no han podido apagar ninguna de sus páginas. Los poderes mundiales han conspirado contra ella, pero también serán incapaces de destruirla. La Biblia ha sido refutada, ridiculizada, ironizada, quemada públicamente. Fue censurada como ningún otro libro, pero ella es como el acero que quiebra todos los martillos. Es de gran inspiración saber que nadie puede ni podrá destruirla. Todos los sistemas, filosofías, falsas religiones y sectas la han criticado con toda clase de ataques y de violencia para desacreditarla. Sin embargo, todos, absolutamente todos, han sido avergonzados por la autoridad y el poder de la Palabra de Dios. Es el único libro que ha sido leído en todas las naciones de la tierra, sin excepción de país o isla. Los Estados Unidos fueron fundados por la Palabra de Dios. Inglaterra fue fundada por la Palabra de Dios. Por eso, son naciones ricas y poderosas, al contrario de América Latina o los países africanos, en los que habitan la miseria y la pobreza, tanto en la esfera material como en la espiritual. Para nosotros, los cristianos, la Biblia es como el aire que respiramos, es como el alimento que comemos y como el agua que tomamos. No podemos vivir sin ella.

Nuestros hijitos, Kathryn y Josué Yrion Jr., fueron y son enseñados diariamente por la Palabra de Dios. Dámaris, mi esposa, lee con ellos toda la Biblia una vez al año, mientras que yo cumplo con el ministerio evangelístico en viajes constantes alrededor del mundo. Ella es una gran mujer de Dios, así como lo fue su padre, un hombre de Dios y un extraordinario pastor en Cuba; hombre que el Señor ya llevó a su gloria.

William T. Ellis, en una bella poesía, describe a la Biblia de la siguiente forma:

Con el Espíritu Santo como mi guía, entré en las páginas de este libro maravilloso que llamamos Biblia. Entré por el pórtico de Génesis y atravesé la galería de arte del Antiguo Testamento. Allí vi las fotos de Abraham, Isaac, Jacob, José, Moisés, David, Salomón, Isaías, Jeremías y Daniel colgadas en la pared. Entré al cuarto de música de los Salmos, y el Espíritu de Dios colocó sus dedos sobre el teclado de mi naturaleza hasta que pareció que cada cuerda musical se elevaba al trono de Dios, al responder al arpa de David y al encanto de las poesías del rey Salomón. Ingresé al observatorio de los profetas y vi fotografías de diferentes tamaños, las cuales eran estrellas de acontecimientos distantes, concentrados alrededor de una enorme Estrella que se levantaría como expiación por el pecado. Luego, entré en la sala de audiencias del Rey de reyes y la observé de cuatro ángulos diferentes: Mateo, Marcos, Lucas y Juan. Ingresé en los Hechos de los Apóstoles y vi al Espíritu Santo formando la Iglesia. Después, entré por la sala de correspondencias y vi a Pablo, Pedro, Santiago y Judas escribiendo sus Epístolas dirigidas a todo el mundo. Al entrar en la sala del trono eterno de Dios, vi una puerta al pie de la torre y, al subir, encontré a uno allí parado, brillante como la mañana. Era Jesucristo, el Hijo de Dios. Al terminar en Apocalipsis, lo vi en el esplendor de su Gloria, y Él me enseñó el camino de la vida y me mostró este libro, la Biblia, que me enseñaría a vivir y a morir por Él.

¡Qué inspiración grandiosa es oír tales palabras respecto de la Biblia! Sí, la Biblia es una fuente de inspiración para todos.

La Biblia es una fuente de tesoros

A los once años de edad, Joac Wanamaker, el príncipe de los comerciantes americanos, compró un ejemplar de la Biblia. Muchos años después, refiriéndose a esa compra dijo: «Es claro que en el transcurso de mi vida he realizado compras que involucraron millones de dólares. Pero yo, siendo apenas un niño de once años de edad, realicé la compra más importante de mi vida al adquirir una pequeña Biblia de tapa roja por $2.75 a través de pequeños pagos mensuales. Considerando el pasado en mi vida, veo que en aquella pequeña Biblia de tapa roja fue fundada y moldeada mi vida desde la juventud, tornándome en un hombre recto, honesto e íntegro en el mundo de los negocios. Ahora comprendo que esa inversión fue la mayor compra y la más valiosa posesión que pude adquirir, que formó mi carácter y personalidad para el resto de mi vida, tanto en el ámbito privado como en el profesional». Sin duda alguna, Joao Wanamaker tenía razón porque la Biblia es el bien más valioso que cualquier persona puede adquirir.

Un día, en un programa de entrevistas en la televisión de los Estados Unidos, un presentador presentó a cinco muchachas, cuyas edades oscilaban entre 20 y 23 años de edad, que habían sido examinadas por una ginecóloga y constataron que eran vírgenes. Ellas habían sido invitadas a participar de ese programa para tratar el tema relacionado al sexo fuera del matrimonio. El presentador las ridiculizó y se rió de ellas y de sus puntos de vista, porque decían que se mantendrían vírgenes hasta el día del casamiento. El público estaba dividido. La mayoría de las personas se unió al presentador, argumentando que cómo era posible que siendo ellas de esa edad todavía fueran vírgenes, teniendo en cuenta el tiempo en que estamos viviendo. En medio del debate, una de las muchachas que había sido invitada al programa abrió su cartera y sacó una pequeña Biblia. Miró al presentador del espectáculo y dijo con voz firme y llena de autoridad: «A mí no me interesa si usted es un pervertido, su hijo un drogadicto y su hija una prostituta; no me interesa lo que usted dice o piensa. Mi padre es un pastor, y él me enseñó a guardarme virgen hasta el día de mi casamiento. Este libro que está aquí en mis manos se llama Biblia. Su contenido me enseñó los valores de la moral, del respeto y de la santidad que ni usted ni su familia o este público posee». Todos quedaron en silencio y avergonzados ante las palabras de aquella muchacha cristiana que, llena de sabiduría, habló del Poder de la Palabra de Dios.

El tesoro valioso de aquella joven estaba en las Escrituras. Y ¿dónde está su tesoro? ¿Ocupa la Biblia un lugar valioso en su vida?

George Müller, de Bristol, Inglaterra, dijo en cierta ocasión que él había leído la Biblia completa cien veces. Refiriéndose a ella, dijo que era el valor más estimado y precioso que tenía en su vida y que las Sagradas Escrituras eran también la razón del éxito de su vida personal y ministerial. Querido lector, ¿cuántas veces ha leído toda la Biblia? ¿Qué tiempo le ha dedicado diariamente? ¿Ocupa un lugar de importancia en su vida?

La Biblia dice que el pueblo de Dios se pierde por falta de conocimiento. El conocimiento bíblico es la fuente y el secreto de una vida victoriosa en todos los sentidos. ¡Vuelva a la Biblia! ¡Regrese a sus enseñanzas! La ausencia de un examen adecuado de las Escrituras ha sido la razón principal para tantas falsas doctrinas, sectas, falsas iglesias y falsos ministros en nuestros días. Todo esto ocurre por la simple razón de no conocer la Biblia, su poder y autoridad final en nuestra vida. Es imposible que usted tenga un conocimiento satisfactorio de Dios sin que conozca la Biblia. Dios está en las páginas de este valioso libro.

La Biblia es una fuente de conocimiento

Realizamos una cruzada en Volta Redonda, Río de Janeiro, Brasil. La primera noche, enfaticé sobre la necesidad de que la Iiglesia y los ministros vuelvan a la Palabra de Dios. Brasil necesita regresar a la Palabra de Dios. En los cuatro días de la cruzada hubo una asistencia de ochenta y cinco mil personas. En esta oportunidad, afirmé varias veces que Río de Janeiro necesita volver a la Palabra de Dios. Prediqué respecto a la necesidad de un avivamiento bíblico y afirmé que este vendrá cuando regresemos a las Escrituras. ¡Vuelva a la Palabra de Dios! Pida a Dios un amor que nunca antes sintió por su Palabra. Existen tantas personas letradas en las ciencias pero analfabetas con relación a las Escrituras divinas. El intelectualismo sin Dios llega a ser ridículo, como dice la Biblia en la carta a los corintios: «Pues mirad, hermanos, vuestra vocación, que no sois muchos sabios según la carne, ni muchos poderosos, ni muchos nobles; sino que lo necio del mundo escogió Dios, para avergonzar a los sabios; y lo débil del mundo escogió Dios, para avergonzar a lo fuerte; y lo vil del mundo y lo menospreciado escogió Dios, y lo que no es, para deshacer lo que es, a fin de que nadie se jacte en su presencia» (1 Corintios 1.26-29). Este texto nos enseña que la sabiduría humana sin Dios es vana, necia y ridícula ante los ojos del Creador. Vea lo que Jesús dijo a los saduceos que se jactaban de sí mismos y de la sabiduría que poseían: «Erráis, ignorando las Escrituras y el poder de Dios» (Mateo 22.29). Aquí está el centro del mensaje de este libro: Sin el conocimiento de Dios, de su Palabra y el poder de las Escrituras no podemos sobrevivir en este mundo que pertenece al maligno. ¡Vuelva a la Palabra de Dios! ¡Oiga la voz del Espíritu! ¡Vuelva a leer, amar y estudiar las Escrituras! ¡Es el único camino, no hay otro!

¡El conocimiento de la Biblia es el tesoro más valioso que usted puede obtener en la vida! Ella es la base del ministerio, es la base de una vida recta, santa y de comunión con Dios. Ella es la base y el fundamento de la Iglesia; ella es la base del matrimonio, es la base para los jóvenes, para el hombre y para la mujer. Ella es la base para su vida personal y profesional, también lo es para la familia de hoy y de siempre.

La Biblia contiene el conocimiento de cualquier cosa que usted desea y anhela saber. Es un libro abierto en el que están todos los temas que su mente ansía adquirir con relación al conocimiento. En el siglo XVI, durante el reino de Eduardo VI de Inglaterra, un obispo llamado Hoover hizo un examen con trescientos once sacerdotes para comprobar si realmente conocían las Escrituras. Se formularon varias preguntas simples, como por ejemplo escribir el «Padre Nuestro». Al corregir las respuestas, se constató que, de los trescientos once sacerdotes, sesenta y seis no devolvieron sus hojas de respuestas; diez no sabían repetir de memoria el Padre Nuestro (algo fundamental para un sacerdote); veintisiete no sabían quién era su autor; treinta no sabían en qué lugar de las Escrituras se encontraba; y ciento sesenta y ocho no supieron dar un significado de importancia a esa oración enseñada por Jesús.

Cierto predicador evangélico estaba hablando sobre la Venida de Cristo y dijo a su público: «Jesús, hablando sobre su regreso, dijo que su venida pasaría de mil años pero no de dos mil...» El pastor, sentado en la plataforma, exclamó asombrado por la afirmación del predicador: «¡Jesús no dijo eso!» A lo que el predicador respondió: «Si no lo dijo, debería haberlo dicho, porque las profecías se están cumpliendo». Causa risa esta ilustración; cómo alguien puede poseer una ignorancia espiritual tan grande por falta de conocimiento de las Escrituras.

El diablo sabe cuándo conocemos o no las Escrituras y el Poder de la Palabra de Dios. Él mismo citó las Escrituras cuando tentó a Cristo conforme está registrado en Mateo, capítulo 4. Él tentó a Jesús usando la propia Palabra de Dios. El mismo Señor habló sobre la importancia del conocimiento de la Biblia cuando afirmó: «Escudriñad las Escrituras; porque a vosotros os parece que en ellas tenéis la vida eterna; y ellas son las que dan testimonio de mí» (Juan 5.39).

Un profesor de filosofía de una de las grandes universidades de los Estados Unidos formuló un examen para cien estudiantes, a fin de medir el conocimiento bíblico que ellos poseían. Hizo nueve preguntas muy simples y fáciles. De los cien estudiantes, cuatro no devolvieron sus hojas con las respuestas; de los noventa y seis restantes, solamente ocho respondieron correctamente todas las preguntas; ochenta y ocho no pudieron localizar el libro de Judas. Hombres como Jeremías, Salomón, Daniel y el libro de Levítico fueron transformados en los jueces de Israel. Mateo, Marcos, Lucas y Juan fueron transformados en profetas. Mientras que Herodes, Ananías y Nabucodonosor fueron reyes de Israel. Un estudiante dijo que el Pentateuco es lo mismo que los Evangelios. Para que usted tenga una idea, esta es la crisis que enfrentamos hoy. Es el resultado de la falta de conocimiento bíblico de proporciones gigantescas. Es de un poder destructivamente poderoso para esta generación. Lo que sobrará serán escombros y cenizas de lo que fuimos antes: Un pueblo temeroso, respetuoso y de gran reverencia y conocimiento de Dios.

Por ocasión de una boda, una gran amiga de la novia pidió la oportunidad para dedicar un versículo de la Biblia, con lo que naturalmente la novia concordó, pues ambas eran amigas desde la infancia. El día de la boda, frente al altar, para sorpresa de todos, la amiga de la novia, en lugar de leer 1 Juan 4.18, «El perfecto amor echa fuera el temor», leyó el Evangelio de Juan 4.18, cuando Jesús habló a la mujer samaritana: «Porque cinco maridos has tenido, y el que ahora tienes no es tu marido». ¿Usted puede imaginar el tumulto y el desconcierto que ocasionó este error por desconocimiento de las Escrituras? Es verdad que un acontecimiento como ese puede provocar risas en todos nosotros, pero expresa la realidad de la falta de conocimiento de la Biblia en nuestras iglesias.

Existen dos palabras en la lengua griega para designar «palabra» en las Escrituras. Una de ellas es «*logos*», que significa: la palabra escrita de Dios. La segunda es «*rhema*», que tiene el sentido de: palabra revelada de Dios. Cuando usted recibe el «*rhema*» de Dios, nadie podrá destruirlo. ¡Deje que Dios le revele su Palabra! ¡Que Él abra su entendimiento! Él quiere tener comunión con usted diariamente.

D.T. Niles dijo en cierta ocasión: «La Biblia fue escrita por hombres que conversaban con Dios y recibían la revelación divina. Cuando oramos, hablamos con Dios, pero, cuando leemos la Biblia, Dios nos habla y nos habla por su Palabra». Podemos decir como dijo Whitehead hace muchos años sobre el contenido de las Escrituras: «La Biblia contiene el pensamiento de Dios, el estado del hombre, el camino de la salvación, la condenación de los pecadores y la felicidad de los cristianos. Sus doctrinas son santas, sus preceptos son justos, sus relatos verdaderos y sus decisiones son inmutables. Léala para ser sabio, crea en ella para ser salvo y practíquela para ser santo. La Biblia contiene luz para guiar, alimento para sustentar y consuelo para alegrar. Es el mapa del viajante, el cayado del peregrino, la brújula del piloto, la espada del soldado y el manual del cristiano. En ella, el paraíso es restaurado, el cielo se abre, y las puertas del infierno son reprimidas por ella. Cristo es su gran tema, nuestro bien es su propósito, y la glorificación de Dios es su meta. Lea lentamente sus páginas en oración. Es una mina de riquezas, un paraíso de gloria y un río de placer. Ella recompensa a aquel que la lee y condena a aquel que toma en poco sus palabras y derrota a todos sus enemigos».

Para concluir, quiero resaltar que Cristo es el mensaje central de la Biblia. Es el centro destacado de cada libro de las Escrituras. En el Antiguo Testamento, en el libro de Génesis, Cristo es la semilla de la mujer; en Éxodo, Cristo es nuestra Pascua; en Levítico, Cristo es nuestro sacrificio expiatorio; en Números, Cristo es nuestra roca, columna de fuego durante la noche y nube durante el día; en Deuteronomio, Cristo es el Profeta que habría de venir; en Josué, Cristo es el Gran General; en Jueces, Cristo es el gran y único Juez Verdadero; en Rut, Cristo es nuestro pariente más cercano; en los libros de Samuel, Reyes y Crónicas, Cristo es nuestro Rey por excelencia; en Esdras, Cristo es el Escriba instruido en la Palabra; en Nehemías, Cristo es el reconstructor de los muros, aquel que restaura nuestra vida; en Ester, Cristo es nuestro Abogado; en Job, Cristo es la seguridad de nuestra victoria en las pruebas y tribulaciones; en Salmos, Cristo es el todo en todos los aspectos de nuestra vida; en Proverbios, Cristo es nuestra sabiduría; en Eclesiastés, Cristo es el único de importancia en nuestra vida porque lo demás es solamente vanidad; en Cantar de los Cantares, Cristo es la Rosa de Sarón, el Lirio de los valles, el esposo de la Iglesia y el escogido entre diez mil; en los profetas, desde Isaías hasta Malaquías, Cristo es el Mesías de Israel y Aquel que vendría para salvar nuestra alma del pecado y del juicio y aquel que cumpliría todas las profecías a través de su nacimiento, vida, muerte y resurrección. Cristo abre las páginas del Nuevo Testamento y, en Mateo, Cristo es Rey; en Marcos, Cristo es Siervo; en Lucas, Cristo es el Hijo del Hombre; en Juan, Cristo es el Hijo de Dios; en Hechos de los Apóstoles, Cristo es Aquel que derrama de la Unción de su Espíritu Santo; en las Epístolas de Pablo, desde Romanos hasta Filemón, Cristo es Aquel que sujeta todo debajo de sus pies y es la cabeza de la Iglesia; en las epístolas generales de Hebreos, Santiago, Pedro, Juan y Judas, Cristo es la regla absoluta de nuestra fe, santidad y conducta en la iglesia; y, en Apocalipsis, Cristo cierra las Escrituras y Él es el Alfa y la Omega, el principio

y el fin, el primero y el último, el Rey de reyes y Señor de señores, el Fiel y Verdadero, y es Aquel que es, que era y que ha de
venir, el Todopoderoso.

Muchos han buscado ayuda en la Biblia y encuentran en ella
una fuente de revelación: esto es admirable. Algunos encontraron en ella una fuente de literatura; otros, una fuente de historia,
lo que es fantástico. Hay quienes encontraron en ella una fuente
de redención: esto es glorioso. Y tantos otros encontraron en
ella una fuente de inspiración, lo que es elogiable. Existen aun
aquellos que encontraron en ella la fuente del tesoro: esto es sabio. Y muchos también han encontrado en ella una fuente de conocimiento, lo que es profundo, grandioso y eterno.

— 2 —

El poder de la
Palabra de Dios

Durante el último terremoto ocurrido en el año 1993 en California, lugar donde vivimos, aconteció algo divertido con nosotros y nuestros hijos. Cuando la tierra comenzó a temblar, salimos corriendo de nuestros cuartos. Dámaris, mi esposa, tomó a Kathryn del brazo, y yo inmediatamente saqué a Junior de su habitación. Eran más o menos las cuatro de la madrugada. Kathryn tenía tres años y Junior un año y medio. Mi hija lloraba en los brazos de Dámaris por el sobresalto y decía: «La casita es de Jesús, mami; la casita es de Jesús, mami...» Confieso que, de los cuatro, yo era el más nervioso, pues caminaba de un lado a otro y exclamaba: «¡Oye a la niña, Señor! ¡Oye a la niña, Señor! La casita es de Jesús». Entonces, junto con Dámaris, tomamos aceite, ungimos a los niños y luego recorrimos toda la casa ungiendo las puertas y ventanas, pidiendo al Señor que nos guardara de cualquier terremoto destructor. Todavía no habíamos oído las noticias. Luego supimos que aquel terremoto había sido tan fuerte que vagones de trenes y autos habían sido volteados, edificios derrumbados, y tramos enteros de calles fueron destruidos. Pudimos ver que Dios nos guardó por su poder. Cuando terminamos de ungir a los niños y a la casa entera, guardé el frasco con aceite. Mi pequeña Kathryn vio donde había guardado el frasco y, al otro día, silenciosamente, tomó una silla, subió a la alacena y tomó el frasco de aceite que estaba en la cocina. Luego llamó a Junior para que se acercara a ella y abrió la tapa de la botella. Pero, en lugar de colocar apenas unas gotas de aceite en su dedo, ungió a Junior derramando el frasco entero sobre su cabeza. ¡Ustedes no imaginan lo resbaladiza que estaba la cocina!

Mi hija Kathryn salió corriendo y le dijo a Dámaris: «¡Mira mamá, Junior está ungido! ¡Junior está ungido!» Puede parecerles gracioso, pero quien tuvo que limpiar la cocina y casi se da un golpe fui yo. Niños... ¡qué maravilloso regalo de Dios!

Por tanto, así ha dicho Jehová Dios de los ejércitos: «Porque dijeron esta palabra, he aquí yo pongo mis palabras en tu boca por fuego, y a este pueblo por leña, y los consumirá» (Jeremías 5.14).

La Biblia es una fuente eterna de Dios. Ella es una fuente de revelación, de literatura, una fuente de historia, de redención, de inspiración, de tesoros y una fuente de conocimiento inagotable. Estos son los temas que trataremos en este capítulo. Examinaremos la eficacia de la Palabra, su calidez y su infalibilidad. La Palabra de Dios es única, incomparable a cualquier otro libro e imposible de ser imitada o copiada.

En marzo de 1993, nuestro ministerio realizó una cruzada en Moscú, ex Unión Soviética, a donde llevamos dieciséis mil Biblias. Recibimos una invitación especial y predicamos en una base militar soviética del Kremlin. Nueve pastores fueron conmigo con una visa humanitario-diplomática. Ingresamos con las Biblias a la base militar y, después del culto, las distribuimos a los soldados y oficiales del ejército ruso. Esa base quedaba al lado de la Plaza Roja, donde estaba el antiguo mausoleo de Lenin. Al predicar la Palabra de Dios de manera simple y con autoridad, doscientos cincuenta soldados rusos entregaron su corazón a Cristo. El Mayor y Comandante de la base militar, Pishik Osip Viachesla Vovich, también aceptó a Cristo y, pidiendo la palabra, dijo con lágrimas en los ojos: «Lo que el sistema socialista y comunista no pudo hacer en setenta y tres años, Dios lo hizo en esta noche. Al oír la Palabra, se convirtió mi alma y mi corazón...». ¡Aleluya! Dámaris, mi esposa, lloraba de alegría al ver a los soldados recibiendo a Cristo. En efecto, todos los integrantes de nuestro equipo lloraban al ver las maravillas del poder de la Palabra de Dios.

Como consecuencia de tal cambio en su vida, el Mayor pidió el resto de las Biblias para ser distribuidas a los soldados y oficiales en las demás bases militares de Rusia. ¡Qué experiencia maravillosa fue ver las lágrimas de aquellos hombres, la expresión de alegría en sus rostros al ser transformados por la Palabra de Dios! Esto es lo que la Biblia hace; ella transforma, regenera, limpia el corazón del pecado y lo salva.

Después viajamos a Kiev, en Ucrania, donde distribuimos ocho mil Biblias. La sed espiritual de aquel pueblo nos conmovió inmensamente. Prediqué en un auditorio que anteriormente había sido usado para reuniones del Partido Comunista Ucraniano. Por detrás de la cortina podía verse la estatua de Lenin, llena de polvo y desprestigiada. ¡Cómo me conmovió ver aproximadamente mil sesenta personas llenando el lugar y permaneciendo de pie durante dos horas y media de culto! ¡Qué gran sed de Dios y de su Palabra! Al predicar, lo hice como siempre, con simplicidad y poder. Una mujer ciega de un ojo fue curada instantáneamente por el poder de Dios después de oír la Palabra. Al terminar el culto, el querido pueblo ucraniano nos apretaba, abrazaba y algunos hasta nos besaban como expresión de cariño. Una mujer, tomando la Biblia, la colocó en el pecho y exclamó:

«Hace cuarenta años que Stalin me sacó mi Biblia, pero ahora la tengo, la tengo...» Y entre lágrimas dijo: «No quiero dinero, no quiero ropas, no quiero nada, solamente quiero a Dios, quiero a Dios, quiero la Palabra de Dios». ¡Qué experiencia extraordinaria fue predicar en Moscú y en Kiev en aquella ocasión! Haber distribuido esas Biblias que fueron aceptadas con un cariño increíble por parte de los rusos y ucranianos fue algo admirable.

En 1942, mientras miraba el desfile bélico soviético en el Kremlin, Stalin dijo: «¡Aquí en la Plaza Roja, en Moscú, el comunismo enterrará al cristianismo!» ¿No es maravilloso el hecho de que todos los miembros de nuestro equipo, tomados de las manos, hayan orado en la Plaza Roja muchos años después, demostrando exactamente lo contrario a las palabras de Stalin? Estábamos allí, y el comunismo ya había caído atrás de la Cortina de Hierro. Contrario a las palabras de Stalin, el cristianismo fue el que enterró al comunismo en la Plaza Roja en Moscú. ¿Quién triunfó? ¿Las palabras humanas de Stalin o la poderosa Palabra de Dios?

Al mirar el terrible edificio de la antigua KGB, alabamos a Dios, pues lo que antes era la terrible sede de la Policía Secreta Soviética es hoy el edificio de la Imprenta Bíblica Rusa. ¿Quién lo diría? ¿Dónde están los enemigos de Dios? ¿Dónde están Marx, Lenin, Stalin o Brejner? ¿Y dónde está Cristo? Cristo habita en medio de su pueblo a través del Espíritu Santo y está sentado a la diestra del Padre, vestido de gloria, poder, majestad y autoridad para siempre.

1- El poder de la influencia de la Palabra de Dios

a) La Palabra de Dios es llamada devoradora

He aquí yo pongo mis palabras en tu boca por fuego, y a este pueblo por leña, y los consumirá (Jeremías 5.14).

Al predicar la Palabra tengo plena conciencia del poder que tiene para quemar los corazones rebeldes y traerlos al arrepentimiento a través del Espíritu Santo. Ella purifica los pensamientos más íntimos que alguien pueda tener y, por su influencia, es capaz de disipar toda la culpa que alguien esté cargando dentro de sí. Su influencia en la esfera espiritual es tan grande que jamás podremos entenderla totalmente.

En la India, durante la cruzada que realizamos en Madras, los sacerdotes del hinduismo se paraban frente a nosotros e invocaban el poder del diablo para destruirnos. Pero todos sus esfuerzos fueron en vano. El poder de la influencia de la Palabra destruyó cualquier señal del enemigo, que procuraba causarnos daño. Ellos intentaron apedrearnos durante la segunda noche de la cruzada, mas Dios hizo caer una fuerte lluvia, y tuvieron que retirarse avergonzados por sus maquinaciones.

La India es una nación oscura y cerrada al evangelio en la cual las fuerzas satánicas han bloqueado el espíritu, la mente y el alma de miles de personas, esclavizándolas en la miseria y la ignorancia espiritual, al punto de adorar como «dioses» a ratones, vacas y serpientes. Hay treinta millones de «otros dioses» en una población de un billón de personas, siendo el ochenta y tres por ciento hindúes, el once por ciento del Islam (musulmanes) y apenas el dos por ciento cristianos. La India fue uno de los mayores desafíos que nuestro ministerio enfrentó hasta hoy. Es un país extremadamente pobre, sucio y miserable. Muchas personas hacen sus necesidades fisiológicas en las calles y las personas que mueren son quemadas para que sus cenizas sean arrojadas en los ríos, dejando un horrible olor a carne, lo que muchas veces nos causaba náuseas. El agua no se puede beber, el aire no se puede respirar y la comida no se puede comer. Estuvimos tres semanas en India, y el Señor nos guardó de todas las enfermedades y ataques del enemigo. Lo vencimos con el poder de la Palabra de Dios, que fue como una llama devoradora, influenciando los corazones para ser salvos, transformados y sanados de sus enfermedades. ¡Aleluya!

Hace algún tiempo atrás, quemaron vivo a un misionero australiano y a sus dos hijos adolescentes que dormían en un Jeep después de haber ministrado en un lugar muy hostil de la India. ¡Oren por los misioneros en la India!

b) La Palabra de Dios es un martillo devastador

Aquel a quien fuere mi palabra, cuente mi palabra verdadera. ¿Qué tiene que ver la paja con el trigo? dice Jehová. ¿No es mi palabra como fuego, dice Jehová, y como martillo que quebranta la piedra? (Jeremías 23.28-29.)

La Biblia tiene poder para destruir el poder del diablo, para desmenuzar, hacer pedazos cualquier obra maligna. Ella no solamente es fuego, como antes vimos, sino también martillo, usado para triturar los intentos del enemigo contra nosotros, cuando es ministrada con sabiduría y unción.

Nadie puede amar a un dios que no conoce. Los hindúes sirven a dioses que ellos no conocen. Solamente podremos amar a Dios verdaderamente si lo conocemos, cosa que solamente es posible a través de su Palabra. Ella será un martillo a su disposición para destruir cualquier obstáculo que el diablo pueda colocar en su vida.

Cuando predicamos la Palabra de Dios, ella es fuego que quema y purifica el corazón humano. Es martillo que rompe el pecado y el orgullo humano. Es espada que corta, arranca toda culpa y resentimiento del corazón del hombre.

c) La Palabra de Dios es fuerza que da vida

Profeticé, pues, como me fue mandado; y hubo un ruido mientras yo profetizaba, y he aquí un temblor; y los huesos se juntaron cada hueso con su hueso. Espíritu, ven de los cuatro vientos, y sopla sobre estos muertos, y vivirán. ... y entró espíritu en ellos, y vivieron (Ezequiel 37.7,9,10).

En cruzadas alrededor del mundo entero he visto innumerables milagros y sanidades de enfermedades para las cuales no había ninguna esperanza. Lo que para la medicina es imposible, para Dios es posible. Las Escrituras nos afirman claramente: «Porque yo soy Jehová tu sanador» (Éxodo 15.26).

La Palabra tiene poder para solucionar sus problemas, aquellos que humanamente son imposibles de resolver y que a la vista humana no tienen solución. He observado conflictos en matrimonios próximos al divorcio que fueron resueltos a través del Poder de la Palabra. Personas que estaban a punto de separarse rindieron su vida a Cristo y el Señor las ayudó otorgándoles paz, restauración y reconciliación.

Muchos hermanos se acercan a mí o a mi esposa para pedir oración por sus hijos que están perdidos o descarriados. A veces, oigo a padres diciendo: «¡Para mi hijo ya no hay más esperanza o solución, pues su situación es un caso perdido!», y, después de algunas semanas o meses, estos mismos hermanos nos buscan para contarnos que sus hijos fueron salvos y restaurados por Dios, cuando ellos (los padres) resolvieron creer en la Palabra;

creer que ella es poderosa para dar vida al que parece muerto, perdido y sin solución a la vista humana.

Cuando D.L. Moody oyó predicar a Spurgeon en el Tabernáculo Metropolitano de Londres, colocó la cabeza entre sus manos y, de rodillas, dijo que jamás había oído a un hombre predicar así, con autoridad en la Palabra y dando vida a lo que decía en cada expresión de sus labios.

Particularmente, diría que no hay nada mejor que oír a un buen predicador que maneja bien la Palabra de verdad y que nutre el corazón del pueblo de Dios. Lamentablemente, hay muchos predicadores que cuentan fábulas e historias graciosas que hacen perder tiempo al pueblo. No somos llamados para contar fábulas, ni tampoco para usar la predicación a fin de criticar a otros ministerios. Somos llamados para dar vida, a través de nuestros sermones, a aquellos que nos están escuchando.

Siempre que predico, ya sea en los Estados Unidos, en una tribu en Zaire, en una metrópolis como Londres, en un país rico como Japón o pobre como la India, recuerdo que existen personas perdidas en pecado, en prostitución, en drogas, con matrimonios fracasados, con vidas destruidas por las más diversas razones. Entonces, predico la Palabra tal cual ella es. En cualquier lugar, en cualquier país, la necesidad del corazón humano es la misma, y la solución también es la misma: oír y creer en la Palabra de Dios que da vida y vida en abundancia.

d) La Palabra de Dios es poderosa en todo

Así crecía y prevalecía poderosamente la palabra del Señor (Hechos 19.20).

La Palabra de Dios tiene el poder de influencia porque es poderosa en todo. Ella no es solamente poderosa. ¡Ella es poderosa en todo! El texto nos dice que la Palabra crecía con poder y prevalecía. Cuando oímos la Palabra y creemos en ella, crecemos espiritualmente y siempre prevalecemos contra los ataques del enemigo. El ministro que predica la Palabra fielmente verá a su iglesia crecer en membresía y poder.

En la Iglesia Bautista Central de Pekín, China, hay una Biblia encadenada a un poste. Los hermanos chinos escriben su nombre en una lista en el mural, con meses de anterioridad para tener la oportunidad de leer algunos versículos durante algunos minutos. Todos los días, en esa Iglesia Bautista en Pekín, hay una enorme fila de hermanos que esperan pacientemente para poder leer las Escrituras, y, en esos momentos, muchos de ellos lloran con el corazón ardiente por la Palabra de Dios. Ellos tienen tanto amor por las Escrituras que no quieren parar de leer y ceder su lugar a los otros hermanos. ¡Qué sed de leer la Palabra! Qué diferencia con la realidad de muchas personas que, teniendo acceso a las Escrituras, no la leen ni meditan en sus palabras.

Tal vez sea difícil para usted imaginar una escena como esa y sentirse tocado por ella, porque lo que no pueden ver los ojos, el corazón no lo puede sentir. Pero la Palabra de Dios ha sido poderosa en la vida de nuestros hermanos chinos, sustentándoles y dándoles fuerza para sobrevivir en medio de las persecuciones que se levantan contra ellos.

Recientemente, viajamos a la China y, gracias a Dios, hoy, existen más cristianos que miembros del partido comunista en aquel país. Hay más de ciento veinte millones de cristianos en la China comunista de hoy. ¡Aleluya! ¡Dios es fiel!

Lamentablemente, la última investigación hecha entre las iglesias en los Estados Unidos reveló que más del sesenta y siete por ciento de los miembros no conocen los libros de la Biblia en

EL PODER DE LA PALABRA DE DIOS

el orden en que se presentan en las Escrituras. ¡Esto es absurdo! Por eso hay tanto pecado e inmoralidad en nuestras iglesias, por no conocer la Biblia como debiéramos. Mientras los cristianos de oriente mueren por las Escrituras todos los días, perseguidos por su fe, los cristianos de occidente están muriendo todos los días por falta de conocimiento de las Escrituras. ¡Qué ironía!

e) La Palabra de Dios es un poder salvador

Porque no me avergüenzo del evangelio, porque es poder de Dios para salvación a todo aquel que cree (Romanos 1.16).

La Palabra tiene una gigantesca influencia porque es un poder salvador. Cuando alguien oye el evangelio de poder, basado en la autoridad de la Palabra de Dios, y cree en él, el Espíritu Santo lo convence de pecado, de justicia y de juicio y, al arrepentirse de sus pecados, es salvo.

El libro de Romanos nos afirma que él es «poder de Dios para salvación». «Poder» en griego es *«dynamis»*. El poder o *«dynamis»* de Dios tiene el sentido de dinamita, explosivo o bomba... ¡Aleluya! ¡Eso es la Palabra de Dios!

Los ángeles no pueden predicar la Palabra porque no poseen el testimonio o la experiencia de salvación. Este inmenso privilegio nos fue otorgado a nosotros: Predicar el misterio del evangelio de Cristo. Esto es así porque Cristo nos redimió, nos lavó con su sangre y nos limpió por su Palabra. ¡Aleluya!

f) La Palabra de Dios es una arma

Y tomad ... la espada del Espíritu, que es la palabra de Dios (Efesios 6.17).

La Palabra tiene influencia porque es una arma ofensiva. La espada, al contrario del escudo, no es una arma de guerra para defenderse, sino para atacar. La espada, por lo tanto, no es para defensa, sino para ofensiva, para invadir, luchar, ganar, tomar posesión de lo que Dios tiene para cada uno de nosotros. Y por eso debemos usarla con poder. En el libro de los Hechos de los Apóstoles solamente se menciona veintiséis veces que los apóstoles hablaron la Palabra con «osadía», «intrepidez» y valentía.

En Checoslovaquia, hubo un pastor que predicó durante un año entero solamente con un versículo de la Biblia. Cada vez que iba a predicar, el Señor le daba un nuevo sermón sobre el mismo versículo que él ya había predicado anteriormente. Dios le decía que no necesitaba escribir notas o elaborar un bosquejo de lo que debía predicar, pues Él le daría una nueva inspiración del mismo versículo para cada nueva ocasión. ¡Aleluya!

En una visita a los países comunistas, pude observar que muchos hermanos caminaban grandes distancias para conseguir una Biblia, o una hoja de algún libro, o hasta un solo versículo de las Escrituras para intercambiar entre sí. Decían: «¿Hermano, usted podría cambiarme este versículo de Mateo que yo tengo, por otro de Lucas o Juan? ¿O alguno del Antiguo Testamento, pues ya tengo muchos de los Evangelios?».

Había quienes nos decían que lo único que tenían por escrito de la Biblia eran algunos sermones de Billy Graham que habían sido captados por las ondas de la Radio Transmundial de su país. Ellos copiaban a mano algunos de los sermones y los usaban como armas ofensivas ante las situaciones de persecución en las cuales se encontraban. ¡Qué sed de la Palabra!

Cuando compramos un horno de microondas o un nuevo refrigerador, junto con el aparato recibimos también el manual para usarlo correctamente. La Biblia es nuestro manual, el cual nos guiará hasta la vida eterna. ¡Siga sus instrucciones y llegará allá!

g) La Biblia es una sonda

Porque la palabra de Dios es viva y eficaz, y más cortante que toda espada de dos filos; y penetra hasta partir el alma y el espíritu, las coyunturas y los tuétanos, y discierne los pensamientos y las intenciones del corazón (Hebreos 4.12).

La Biblia nos examina, realizando un sondeo en nuestro corazón y en todas las esferas de nuestra vida.

Una sonda, secularmente hablando, es una pieza de plomo unida a una cuerda que se usa para medir la profundidad de las aguas o para explorar el fondo. Del mismo modo, en la vida espiritual, la sonda de la Palabra de Dios sabe, reconoce y es capaz de medir toda nuestra naturaleza humana. Ella conoce cada esfera de nuestra vida. Una sonda también puede ser un gran aparato de perforación que alcanza grandes profundidades para el reconocimiento del suelo. La Palabra de Dios es una sonda espiritual que alcanza hasta lo más profundo del corazón del hombre, al punto de conocer cada detalle de sus pensamientos, sentimientos, ideas y acciones.

Remedio para el alma

En la medicina, la sonda es un tubo de goma que se introduce en los canales o cavidades del organismo para examinar el estado del paciente, extraer líquidos retenidos o introducir alguna sustancia líquida, sean medicinas o alimentos. La Palabra es una sonda que se introduce en la mente, en el corazón, en el alma y en el espíritu del hombre para hacerle reconocer el estado de su naturaleza pecaminosa. La Palabra de Dios penetra como una poderosa sonda en lo más íntimo de nuestro ser para introducir la medicina que cura el alma. Esa misma sonda da convicción de pecados y también provee el alimento espiritual para crecer, madurar y moldear el carácter cristiano en la vida de aquellos que recibieron a Cristo. Así como la sonda médica extrae líquidos retenidos en el organismo de alguien que está enfermo, la Palabra de Dios extrae lo que está retenido dentro de su ser. Ella quita cualquier pensamiento, palabra o acción que no está en sintonía con Dios y su Palabra, llevándolo a una relación personal con su Creador. ¡Qué hermoso!

La sonda es usada también para reconocer los terrenos y su profundidad en una área geográfica y la profundidad de las aguas en un estudio hidrográfico. En medicina, también es usada para determinar la profundidad de una herida causada por algún accidente. De la misma manera, la Palabra de Dios es poderosa para reconocer la profundidad del corazón humano, cualquier cosa escondida en el terreno de nuestra infancia, o experiencias tristes y amargas de nuestra vida. La Palabra medirá profundamente las aguas turbulentas de nuestro pasado pecaminoso y removerá toda la culpa, sacando el vacío de nuestro corazón. Ella es la cura de toda herida causada por palabras que hayan proferido contra nosotros en el pasado. Tiene el poder de remover cualquier raíz de amargura y falta de perdón del corazón. Ella también es capaz de borrar los recuerdos desagradables de nuestra infancia, adolescencia y juventud. Permita ser «sondeado» por la Palabra de Dios.

2- El poder de permanencia de la Palabra de Dios

Para siempre, oh Jehová, permanece tu palabra en los cielos
(Salmos 119.89).

Es habitual decir: «¡Oh, cómo pasa el tiempo!» No, el tiempo
no pasa, quienes pasamos somos nosotros; él queda y nosotros
pasamos. Pablo, en cierta ocasión, le dijo a su discípulo Timoteo: «Mas la Palabra de Dios no está presa» (2 Timoteo 2.9).
Ella no tiene límites; la Palabra de Dios no está presa o limitada
al tiempo, y es imposible que alguien pueda aprisionarla y escla-
vizarla con el fin de impedir que se predique y anuncie. En 1993,
luego de una de las cruzadas que realizamos en Rusia, llevé a mi
esposa Dámaris a conocer Italia. Cuando fuimos al Coliseo, en
Roma, retrocedimos dos mil años con nuestra mente para visua-
lizar la escena en la que el emperador César tiraba a los cristianos
a la arena para ser víctimas de los leones. Centenares de hombres, mujeres y niños dieron su vida por Cristo al ser devorados
por los hambrientos leones del Imperio Romano. Ellos destru-
yeron vidas humanas pero no pudieron destruir la propagación
de la Palabra de Dios, que luego fue predicada en todo el Imperio. Después, fuimos a visitar la prisión donde el gran apóstol
Pablo fue decapitado por amor a Cristo. Allí dentro sentimos la
presencia de Dios y, al mirar aquellas paredes que hacía dos mil
años habían apresado al apóstol, nos abrazamos y lloramos de
emoción y, de rodillas, agradecimos a Dios porque su Palabra no
estuvo presa, sino que se expandió por toda Europa. Arrodilla-
dos, pedimos fuerzas al Señor, sabiduría y poder para terminar
nuestro ministerio fielmente, hasta oír aquellas palabras que
Dios algún día nos dirá: «¡Buen siervo y fiel, entra en el gozo de
tu Señor!» ¡Aleluya! ¡Alabado sea su nombre!

Roma está llena del sufrimiento, de las encarcelaciones, de las torturas y de la sangre de los mártires de Cristo, pero la Palabra jamás quedó presa, nunca pudieron silenciarla. ¡Dios es fiel!

Mas la palabra del Dios nuestro permanece para siempre (Isaías 40.8).

Cuando en el año 1985 fui a Estambul, Turquía, intenté conseguir la visa para ir a Irán, pues allí habría una conferencia mundial del islamismo. Lamentablemente, no la pude obtener. El ayatolá Komeini pronunció algunas palabras contra el cristianismo y la Biblia durante la conferencia. Pero yo pregunto: ¿Dónde está el Ayotolá? ¡Él ya pasó! ¿Dónde están los que en el pasado fueron adversarios del Señor? ¡Ya no existen! Pero la Palabra del Señor permanece para siempre. Cierta vez, Jesús hablando sobre su Palabra dijo:

Porque de cierto os digo que hasta que pasen el cielo y la tierra, ni una jota ni una tilde pasará de la ley, hasta que todo se haya cumplido (Mateo 5.18).

Y en otra ocasión, Jesús, refiriéndose nuevamente a la naturaleza de su Palabra, expresó: «El cielo y la tierra pasarán, pero mis palabras no pasarán». Cristo no pertenece a ninguno de los partidos políticos más poderosos de los Estados Unidos, el partido Demócrata o el partido Republicano. ¡Cristo el Señor! Rey de reyes y Señor de señores. Su período gubernamental no dura solamente cuatro años. Él reina y reinará para siempre. El apóstol Pedro también reitera este principio:

Mas la palabra del Señor permanece para siempre. Y esta es la palabra que por el evangelio os ha sido anunciado (1 Pedro 1.25).

Cierta vez, una misionera en San Pietro, Italia, le regaló una Biblia a un constructor. Él, con la intención de ridiculizar a la misionera, la escondió en una pared, sacando uno de los ladrillos y colocándola atrás. El hombre, luego de esconder la Biblia en la pared, la revistió con cemento y marcó el lugar con una cruz. Un tiempo después, cuando la misionera le preguntó dónde estaba la Biblia, él, mintiendo, dijo que la estaba leyendo. Algunos meses más tarde, hubo un gran terremoto en San Pietro. Aquel constructor, al ver muchos edificios destruidos, se acordó de la Biblia que había escondido. Corrió hasta el lugar de la construcción y vio que tres de las cuatro paredes habían caído, y solamente una estaba en pie. Había apenas una sola pared en aquel lugar, y el resto de la construcción había sido destruida. Entonces él, aproximándose, pensó: «¿Será que es la pared donde escondí la Biblia?» Al acercarse, notó la cruz en la pared, y, sacando el ladrillo, para su sorpresa, allí estaba la Biblia, intacta, exactamente como él la había colocado. Todas las demás paredes estaban en el piso, menos aquella en la que él había escondido la Biblia. ¡Aleluya! Su Palabra es indestructible, nadie podrá eliminarla. ¡Gloria a Dios por su maravillosa Palabra!

La mente humana no puede entender la realidad de la eternidad. Nuestra mente no es capaz de comprender la magnitud de la profundidad de la palabra «eternidad». Para que usted pueda entender la eternidad, imagine conmigo una montaña de hierro y acero de 10 km de altura, 10 km de largo y 10 km de ancho. Ahora imagine conmigo que, de cien años en cien años, un pájaro se pose en la punta de esta montaña de hierro y acero, raspe su pico dos veces y se vaya. Después de cien años, él regresa nuevamente y, allá arriba en la punta de esta enorme montaña de hierro y acero de 10 km de altura, 10 km de largo y 10 km de ancho, él raspe dos veces nuevamente con su pico y se vaya. Cuando este pájaro consiga gastar toda esa enorme montaña de hierro y acero, regresando cada cien años y raspando dos veces su pico allá arriba en la punta, habrá pasado solamente **un segundo de la eternidad**. ¿Entendió? Eternidad es un hecho que escapa a nuestro entendimiento. La Biblia dice que existen dos lugares donde usted pasará la eternidad: el cielo o el infierno. El cielo será para aquellos que recibieron a Cristo y vivieron de acuerdo con su poder. El infierno será para aquellos que rechazaron a Cristo, su salvación y su Palabra y vivieron para los placeres de este mundo y de la carne, para satisfacer sus pasiones pecaminosas. ¿Adónde irá usted a pasar la eternidad? La Biblia dice que la Palabra de Cristo es eterna. No tendrá fin. ¡Aleluya!

¿Cómo es posible que un hombre o una mujer pueda adulterar conociendo el juicio de Dios? ¿Cómo es posible que alguien cambie la gloria de Dios por la gloria de los hombres? ¿Cómo es posible que alguien arriesgue su vida, su alma, viviendo en pecado en lugar de arrepentirse y entregarse a Cristo? ¿Cómo es posible que alguien rechace la oferta de salvación y prefiera vivir en los placeres del mundo por apenas algunos momentos? La Biblia dice que sus pecados lo alcanzarán. Jesús mismo, hablando acerca de esto, dijo: «El que me rechaza, y no recibe mis palabras, tiene quien le juzgue; la palabra que he hablado, ella le juzgará en el día postrero» (Juan 12.48). ¡Reciba a Cristo! ¡Vaya a Él!

3- El poder alimenticio de la Palabra de Dios

Y te afligió, y te hizo tener hambre, y te sustentó con maná, comida que no conocías tú, ni tus padres la habían conocido, para hacerte saber que no solo de pan vivirá el hombre, mas de todo lo que sale de la boca de Jehová vivirá el hombre (Deuteronomio 8.3).

A través del Evangelio de Mateo, sabemos que el diablo usó la Palabra de Dios contra el propio Señor Jesucristo. Satanás sabe que la Palabra de Dios tiene poder y la usó para tentar a Cristo. «Y vino a él el tentador, y le dijo: Si eres Hijo de Dios, di que estas piedras se conviertan en pan. Él respondió y dijo: Escrito está: No sólo de pan vivirá el hombre, sino de toda palabra que sale de la boca de Dios» (Mateo 4.3,4).

El diablo decía: «¡Escrito está!» Cristo, a su vez, decía: «¡También está escrito!» Jesús lo venció por la Palabra. Nosotros también podemos vencerlo. ¡Aleluya!

En la Palabra, leemos la declaración de Job: «Del mandamiento de sus labios nunca me separé; guardé las palabras de su boca más que mi comida» (Job 23.12). La Palabra de Dios tiene poder para alimentarnos espiritualmente y llevarnos a vivir una vida de plenitud en su presencia. El salmista David expresó el mismo sentimiento al escribir «¡Cuán dulces son a mi paladar tus palabras! Más que la miel a mi boca» (Sal 119.103).

La lectura es deleitosa cuando la hacemos con empeño y búsqueda. El profeta Jeremías declara lo mismo al decir: «Fueron halladas tus palabras, y yo las comí; y tu palabra me fue por gozo y por alegría de mi corazón; porque tu nombre se invocó sobre mí, oh Jehová Dios de los ejércitos» (Jeremías 15.16).

Cuando usted conoce la Palabra de Dios, ella lo llena de gozo, poder, unción y autoridad del Espíritu. El apóstol Pedro nos hace saber en su primera carta: «Desead, como niños recién nacidos, la leche espiritual no adulterada, para que por ella crezcáis para salvación» (1 Pedro 2.2).

Cuando buscamos de la Palabra diariamente, como un niño que busca la leche materna para alimentarse, el Señor derrama sobre nosotros el conocimiento y entendimiento. De esa manera, podemos crecer espiritualmente, madurar, ser moldeados por Él y llamados al ministerio.

En nuestro hogar tenemos una cajita que contiene cinco mil cuatrocientas preguntas bíblicas, las que usamos para enseñar las Escrituras a Kathryn y a Junior en nuestro tiempo libre. Considerando la edad de nuestros hijos, que aún son niños, el conocimiento que ellos tienen de la Palabra de Dios es enorme.

Durante un culto de niños, Kathryn cantó y Junior predicó la Palabra frente a doscientos treinta niños en la ciudad de Los Angeles. Él ya había predicado a los niños de la Escuela Dominical de nuestra iglesia, Asambleas de Dios, cuando tenía apenas cinco años. Nosotros sabemos que Dios tiene un plan para Kathryn y Josué Yrion Junior. Es nuestra responsabilidad como padres enseñarles las riquezas y los tesoros eternos de la Palabra de Dios mientras ellos crecen para que el día de mañana, cuando sean llamados al ministerio, tengan una base sólida del conocimiento de la Palabra. También les enseñamos tres idiomas: inglés, español y portugués. Durante un año, ellos han leído la Biblia en inglés y español con mi esposa Dámaris. En el futuro, yo leeré con ellos en portugués. Alimente a sus hijos y a su familia con la Palabra de Dios. La Biblia es el Alimento de los alimentos porque es alimento espiritual.

4- El poder de inspiración de la Palabra de Dios

Toda la Escritura es inspirada por Dios, y útil para enseñar, para redargüir, para corregir, para instruir en justicia (2 Timoteo 3.16).

Siendo inspirada por Dios, la Biblia tiene el poder de inspirar a otros a través de sus páginas. ¡Ella es inspirada por Dios, no por los hombres! El Señor reveló al profeta: «Toma un rollo de libro, y escribe en él todas las palabras que te he hablado contra Israel y contra Judá, y contra todas las naciones, desde el día que comencé a hablarte, desde los días de Josías hasta hoy» (Jeremías 36.2).

Dios nos habló desde aquellos tiempos, nos habla hoy y nos hablará mañana. La Biblia nos revela que Dios siempre habló al hombre.

Dios, habiendo hablado muchas veces y de muchas maneras en otro tiempo a los padres por los profetas, en estos postreros días nos ha hablado por el Hijo (Hebreos 1.1-2).

La Biblia nos dice que Dios habló de muchas maneras. Cuando sacó a Israel de Egipto, Él estaba hablando y librando a su pueblo de la esclavitud, lo que representa hoy la liberación de nuestros pecados en Cristo. Cuando Dios abrió el Mar Rojo, estaba hablando de su extraordinario poder. Nosotros pasamos de la muerte a la vida en Cristo, siendo bautizados en su muerte y resucitados para una nueva vida. Cuando Josué conquistó la tierra prometida, era Dios diciendo que Cristo conquistaría la victoria en la cruz al resucitar de los muertos. Él nos daría la «tierra prometida» en los cielos, que es nuestra herencia espiritual. Cuando Josué derrotó al rey de Jericó y destruyó los muros de esa ciudad, era Dios diciendo que no habría nada imposible para nosotros en nuestra vida espiritual si miramos siempre a Cristo en las horas de tribulación y pruebas. En fin, a través de las páginas del Antiguo Testamento, Dios habló «muchas veces y de muchas maneras». ¡Deje que Dios le hable por su Palabra!

En agosto de 1999, cuando viajamos hacia Amadras, India, para predicar la Palabra en una cruzada, nuestros hijos estaban muy preocupados por nuestra seguridad. Ellos tenían miedo de que nos sucediera algo malo. La noche en que estábamos reunidos en nuestra casa con el Pastor Wilmar Silveira, Director Internacional del Ministerio Josué Yrion, y su esposa Cristina, quienes nos acompañaron a la India, Kathryn y Junior nos abrazaron, llorando de preocupación. Entonces, con mi corazón conmovido de emoción, entre lágrimas de amor y cariño por nuestros hijos, subí con mi familia al cuarto, nos arrodillamos y pedimos al Señor que guardara a nuestros hijos y a los hijos del pastor Wilmar y Cristina en Nueva Jersey. Después, fui solo al cuarto de Kathryn y Junior, olí sus almohadas y, llorando en la presencia del Señor, oré: «Señor, yo quiero regresar con Dámaris y el matrimonio Silveira. Quiero regresar y ver a mis hijos. ¡Yo quiero vivir! Señor, guárdanos de enfermedades y ataques contra nuestra vida. Tú sabes que muchos hombres de Dios han muerto en la India por tu Palabra». Lloré mucho en el cuarto de cada uno de ellos y pedí una palabra al Señor. Cuando abrí la Biblia, encontré a Dios diciéndome en el libro de Josué: «Nadie te podrá hacer frente en todos los días de tu vida; como estuve con Moisés, estaré contigo; no te dejaré, ni te desampararé ... Mira que te mando que te esfuerces y seas valiente; no temas ni desmayes, porque Jehová tu Dios estará contigo en dondequiera que vayas» (Josué 1.5,9).

Dios me habló porque yo necesitaba una palabra que me confortara. Precisaba oír al Señor antes de viajar a la India. ¡Dios nos habla hoy!

En el libro del profeta Ezequiel, leemos que «vino palabra de Jehová al sacerdote Ezequiel» (Ezequiel 1.3). La Palabra es inspirada por Dios. Son palabras directas de Él. ¿Quién escribió los diez mandamientos? Fue el Señor con su propio dedo. Él tomó las tablas de la ley y las escribió con su mano. Toda la Escritura fue inspirada por Dios, quien guió a los hombres para que la escribiesen.

Todas las leyes humanas contrarias a la Palabra de Dios algún día tendrán que rendir cuentas al Señor. Todas las leyes que favorecen el aborto, mientras que la Biblia claramente afirma que Dios es vengador de la sangre inocente, tendrán que rendir cuentas a Dios. Toda ley que protege prácticas sexuales pervertidas (contra la naturaleza de lo que Dios estableció en el casamiento entre un hombre y una mujer como una relación normal y saludable) tendrá que dar cuentas a Dios. En el primer capítulo de Romanos, leemos que tales personas están con su entendimiento cerrado, bloqueado y cauterizado, debido a sus actos de perversión. ¡Ay de los políticos que crearon leyes contra la Biblia, la oración, la Iglesia y contra Cristo! ¡Ay de los presidentes, gobernadores, senadores, legisladores y congresistas, que aprobaron leyes contrarias a Dios y ridiculizaron su Palabra! Todos ellos estarán delante del Gran Trono Blanco. Ninguno de ellos escapará. El apóstol Pablo nos afirma que Dios «ha establecido un día en el cual juzgará al mundo con justicia, por aquel varón [Cristo] a quien designó» (Hechos 17.31). Ellos serán juzgados por violar la ley moral de Dios, la ley escrita de Dios y la ley espiritual de Dios. ¡Todas estas leyes están en su Palabra! Somos sabios por medio de ella, somos guiados y salvos eternamente por ella. ¡Aleluya!

Varones hermanos, era necesario que se cumpliese la Escritura en que el Espíritu Santo habló antes por boca de David (Hechos 1.16).

¡La Palabra de Dios siempre se cumple! ¡Ella no es palabra de hombres sino es Palabra de Dios!

Dijo Pablo esta palabra: Bien habló el Espíritu Santo por medio del profeta Isaías (Hechos 28.25).

El Espíritu de Dios habló al pueblo rebelde de Israel en el pasado. Dios muchas veces habla de diferentes maneras a una generación que también es rebelde y desobediente en nuestros días. Es el Espíritu Santo el que trae convicción, que lleva al pecador al arrepentimiento, que exhorta, que habla, que aclara, que lo hace llorar...

Por más instruido que sea un predicador, por más estudioso y de alto nivel intelectual que sea, por más numerosos que sean sus títulos o doctorados, por más organizado que sea su sermón, con introducción, cuerpo y conclusión, por mayores que sean sus aplicaciones de homilética y hermenéutica y de su teología, sea cual sea, si no está lleno del Espíritu Santo, estará seco y vacío, y su mensaje será un fracaso. Porque esta Palabra no es de convicción humana, sino divina, poderosa y extraordinaria, y su unción rompe el yugo del diablo. ¡Aleluya!

Si la Palabra es inspirada por Dios, y hombres movidos por el Espíritu Santo la escribieron (2 Pedro 1.21), ¿por qué la duda, la incredulidad y la falta de fe? Vamos a regresar a las Escrituras y a hacer un pacto con Dios de volver a creer en esta Palabra, amarla, respetarla y obedecerla. ¡Aleluya!

El hermano Andrés, de la Misión Puertas Abiertas, conocido como un contrabandista de Dios, llevó un millón de Biblias a la China en la década de 1980. Esa misión de su ministerio se llamó Proyecto Perla. Cuando las Biblias llegaron, habían miles de cristianos esperando para ayudar a descargar el barco. Muchos de ellos vieron a un hombre vestido con una túnica blanca, que caminaba en la orilla de la playa. El Señor hizo que los radares chinos no detectaran el cargamento de las Biblias en el barco. ¡Es claro que Jesucristo estaba allí! Era un momento histórico en el cual la Iglesia traspasaba la Cortina de Bambú de los países comunistas de Asia. ¡Dios triunfó! ¡Su Palabra triunfó! ¡La Iglesia de Cristo triunfó!

Cuando el muro de Berlín cayó a fines de la década de 1980, y Dios liberó a los países del este europeo de la maldición comunista de la terrible Cortina de Hierro, Él estaba diciendo: «¡Edificaré mi Iglesia!». Sí, Él estaba diciendo: «¡Edificaré mi Iglesia y las puertas del infierno no prevalecerán contra ella!»

El 7 de mayo de 1992, Día Nacional de Oración en los Estados Unidos, mi esposa, mi cuñado Obed y yo fuimos invitados, junto con un grupo de ministros negros, coreanos y latinos, a asistir a un culto en la Iglesia Bautista Monte Sión, del Dr. E.V. Hill, en el cual el presidente George Bush daría un discurso. Usted debe haber escuchado sobre el caso de Rodney King, en Los Ángeles, golpeado por los policías locales y que fue difundido en todos los canales de televisión del mundo entero. Después del juicio y de la sentencia de libertad de los policías, hubo una revuelta de la comunidad negra, y cientos de casas y edificios fueron quemados por las calles del Centro Sur de Los Ángeles en el barrio negro. George Bush, presidente en ese momento, fue para intentar una reconciliación entre la comunidad blanca y negra. Durante su discurso, usando un tono de voz más alto, mirando y señalando hacia nosotros, los ministros que estábamos en la plataforma, dijo: «¡Los Estados Unidos necesitan volver a la Palabra de Dios! La solución para el racismo no está en mí ni en el gobierno; está en estos siete ministros. Debemos volver a la Biblia, a la Palabra de Dios, y el Señor nos ayudará a resolver nuestras diferencias y acabar con esta destrucción que vimos hoy, aquí, en las calles de Los Ángeles, en California. América necesita regresar a los principios del amor y de la aceptación de la Palabra de Dios». En efecto, ¡el ex presidente George Bush tenía toda la razón! Es hacia la Palabra y los principios de las Escrituras que necesitamos volver.

Querido lector, la Biblia tiene el poder para cambiar su vida completamente. Si usted todavía no se ha entregado a Cristo, hágalo hoy mismo. Dele una oportunidad al Señor, y Él ciertamente lo ayudará en todas las esferas de su vida.

En este capítulo, hemos visto cómo actúa la Palabra de Dios. Ella tiene el poder de **influencia**, de **permanencia**, el poder **alimenticio** y el poder de **inspiración**. La Biblia tiene poder para influenciar mi vida y la suya. La Palabra tiene poder para permanecer eternamente en nuestra vida. También posee poder para alimentarnos espiritualmente y, finalmente, la Palabra tiene poder para inspirarnos. Crea en la Palabra, viva en la Palabra y camine en la Palabra. La Palabra de Dios es Cristo, y Cristo es la Palabra revelada de Dios para nosotros. «La revelación de Jesucristo, que Dios le dio, para manifestar a sus siervos las cosas que deben suceder pronto; y la declaró enviándola por medio de su ángel a su siervo Juan, que ha dado **testimonio de la Palabra de Dios**, y del testimonio de Jesucristo, y de todas las cosas que ha visto. Bienaventurado el que **lee**, y los que **oyen** las palabras de esta profecía, y **guardan** las cosas **en ella escritas**; porque el tiempo está cerca» (Apocalipsis 1.1-3).

Estamos muy cerca del fin de los tiempos; nuestra redención está próxima. Las profecías se están cumpliendo rápidamente. Cristo está a las puertas para llevarse a su Iglesia. Basta con mirar al Medio Oriente para percibir que las profecías sobre la Nación de Israel se están cumpliendo al pie de la letra, como Cristo estableció en su Palabra. No existe siquiera un error en la Palabra, ella es absolutamente exacta en todas sus predicciones.

¡Que Dios sea con todos nosotros! ¡Maranata!

¿Qué es la Biblia para nuestro corazón?

Y estas palabras que yo te mando hoy, estarán sobre tu
corazón; y las repetirás a tus hijos, y hablarás de
ellas estando en tu casa, y andando por el camino, y
al acostarte, y cuando te levantes. Y las atarás como una
señal en tu mano, y estarán como frontales entre tus ojos; y
las escribirás en los postes de tu casa, y en tus puertas
(Deuteronomio 6.6-9).

Cierta noche, cuando regresaba de la ciudad de Los Ángeles después de una reunión, al llegar a casa y abrir la puerta, Dámaris me hizo una seña para que me escondiera detrás del sofá de la sala para que pudiese oír lo que Kathryn le estaba diciendo a su hermano. Ambos jugaban en la sala como si estuviesen en un culto y, si ellos me veían, se sorprenderían, y perdería la gracia. Kathryn estaba parada muy cerca de Junior con su libro: «Mi Primera Biblia» en la mano. Mientras miraba a los ojos de su hermano, le predicaba diciendo: «Junior, no seas rebelde como Jonás, predica la Palabra de Dios como papá». El pobre Junior, con menos de dos años, levantó su manita y dijo: «Pero Kathy, yo no soy Jonás, soy Junior, tu hermanito. Yo no soy Jonás, Kathy...» Niños... Qué maravilloso es tenerlos con nosotros, ¿verdad?

La Palabra de Dios es Palabra de vida. Por ella fue creado el mundo. Si usted la estudia y cree en ella, entonces, las instrucciones, la sabiduría y el conocimiento allí contenido serán suyos. Ellos también le darán entendimiento para que viva una vida recta, íntegra y santa delante de Dios y de los hombres. Y obtendrá victorias constantes si su vida está basada en la Palabra de Dios.

La Biblia está escrita en nuestro corazón

¿Qué es la Biblia para nuestro corazón? Ella es la Palabra viva que está escrita dentro de nuestro ser, dentro de nuestro corazón, de nuestra alma y de nuestro espíritu. Ella afirma que los padres son los responsables de enseñar los principios bíblicos a sus hijos, estando en casa, viajando, antes de dormir o al levantarse... Los preceptos y mandamientos de las Escrituras deben permanecer dentro de nuestro corazón. El libro de Proverbios nos enseña que: «Sobre toda cosa guardada, guarda tu corazón; porque de él mana la vida» (Proverbios 4.23). El Dr. Tim La Haye dijo una vez, refiriéndose a la Biblia: «O este libro me separa del pecado, o el pecado me separa de este libro». La Biblia afirma que el pecado del hombre está en su corazón. Y es en el corazón donde debemos guardar la Palabra de Dios. Al hablar del corazón del hombre, Jesús dijo: «Porque de dentro, del corazón de los hombres, salen los malos pensamientos, los adulterios, las fornicaciones, los homicidios, los hurtos, las avaricias, las maldades, el engaño, la lascivia, la envidia, la maledicencia, la soberbia, la insensatez. Todas estas maldades de dentro salen, y contaminan al hombre» (Marcos 7.21-23). Es en el corazón donde diariamente debemos colocar la Palabra de Dios.

El pecado es alimentado en la mente, después desciende al corazón y, finalmente, conduce a la acción. Los ministros no adulteraron del día a la noche. No sucede tan rápido como puede parecer a primera vista; eso es un proceso. Primero, dejan de orar, no ayunan, no leen la Palabra y, cuando la leen, lo hacen apenas para preparar un sermón y predicar, no para aplicarla a sí mismos. Descuidan su vida personal, familiar y la relación con sus esposas. Al abandonar la oración, el ayuno y la Palabra, pierden el temor de Dios. Se vuelven insensibles a la voz de Dios, y es ahí que el diablo aprovecha la ocasión para presentarles el pecado de una forma no ofensiva a Dios, como si fuera algo absolutamente normal. O quizás, como si fuera un mal necesario, engañándolos y llevándolos a pecar contra Dios, contra su esposa, contra sus hijos, contra su familia, contra su Iglesia. Como consecuencia de sus pecados, pierden la reputación, el buen nombre, la integridad, el ministerio y la unción. Pierden, además, el respeto de la familia, de los colegas y también de la iglesia. Un matrimonio nunca más será el mismo después de una infidelidad conyugal. ¡Ministro, guarde su vida! ¡Hermano y hermana, guarden su vida! ¡Jóvenes, guarden su vida de la fornicación! No vale la pena pecar.

Me he encontrado con muchos colegas de ministerio y personas que adulteraron y hoy están completamente destruidos. Esto le sucede incluso a aquellos que se han arrepentido de sus actos. Si usted peca, su vida nunca más será la misma. ¡Oiga la voz de Dios, no lo haga! Corra a los pies de la cruz, doble sus rodillas y ore; el Espíritu Santo lo ayudará a vencer la tentación, pues escrito está: «No os ha sobrevenido ninguna tentación que no sea humana; pero fiel es Dios, que no os dejará ser tentados más de lo que podéis resistir, sino que dará también juntamente con la tentación la salida, para que podáis soportar» (1 Corintios 10.13).

En mis viajes alrededor del mundo, debo velar constantemente, todos los días. Solamente Dios puede guardar mi alma. Procuro siempre andar con sabiduría y guardar la Palabra de Dios en mi corazón. La advertencia que encontramos en el libro de Deuteronomio es muy clara: «Por tanto, pondréis estas mis palabras en vuestro corazón y en vuestra alma» (Deuteronomio 11.18). ¡Aquí está el secreto de la victoria espiritual! Tenemos que guardarla y atesorarla en nuestro corazón. Ella debe estar escrita dentro de nosotros. No hay excusas para dejar de guardarla: «Porque este mandamiento que yo te ordeno hoy no es demasiado difícil para ti, ni está lejos. No está en el cielo, para que digas: ¿Quién subirá por nosotros al cielo, y nos lo traerá y nos lo hará oír para que lo cumplamos? Ni está al otro lado del mar, para que digas: ¿Quién pasará por nosotros el mar, para que nos lo traiga y nos lo haga oír, a fin de que lo cumplamos? Porque muy cerca de ti está la palabra, en tu boca y en tu corazón, para que la cumplas» (Deuteronomio 30.11-14).

La Palabra está escrita en nuestro corazón. ¡No hay razón para pecar! ¡La victoria es nuestra en el nombre de Jesús! En cierta ocasión, el salmista David dijo: «En mi corazón he guardado tus dichos, para no pecar contra ti» (Salmos 119.11). Esconda, guarde y amarre esta Palabra dentro de su corazón para siempre; ella es el antídoto contra la desobediencia y el pecado.

Cierta vez, un predicador habló, en su sermón, muy fuertemente en contra del pecado. Predicó con osadía, intrepidez y mucho coraje. La iglesia estaba repleta; era un domingo por la mañana. El pastor de esa congregación, al oír el mensaje predicado contra el pecado con tanto fervor, corazón y valentía, se disgustó, pues era una iglesia de línea liberal. Como se sintió molesto, se acercó al valiente predicador y le sugirió: «No diga pecado; diga mal natural o trastorno sicológico, pues decir que todas estas cosas son pecado nos ofende... cambie esa palabra».

El predicador, con mucha calma, llamó a alguien para que cantase un himno y, dejando de predicar por un momento, le dijo al pastor: «¡Ya regreso!» Salió corriendo y fue a una farmacia. Compró un frasco de veneno y volvió. Tomando la palabra nuevamente, se dirigió al pastor y a la iglesia: «Aquí en mis manos tengo un frasco de veneno. Voy a cambiarle el nombre de veneno, retirándole el rótulo, y escribiré dulce para niños». Tomó un lápiz y, quitando la etiqueta, escribió las palabras que había dicho. Entonces, se lo dio al pastor y le dijo: «¡Tómelo con agua!» El pastor saltó del banco de la plataforma y exclamó diciendo: «¡No puedo tomarlo! ¡Usted le cambió el nombre, pero el contenido del frasco continúa siendo veneno!» Entonces, el predicador le dijo a él y a la iglesia: «Lo que ustedes quieren que haga es lo mismo. Quieren cambiarle el nombre, pero el pecado continua siendo pecado. Por más que le cambien el nombre, seguirá siendo pecado, el veneno mortal de los desobedientes y transgresores de la Palabra de Dios». Aquel joven predicador tenía razón. Usted puede darle el nombre que quiera, pero el pecado será siempre pecado.

El Evangelio de Lucas dice que María, la madre de Jesús, «guardaba todas estas cosas en su corazón» (Lucas 2.51). No guarde la Palabra solamente en su mente; atesórela en el corazón como María. Usted puede haber conocido la Palabra en su mente, pero, si no la tiene guardada en su corazón, el pecado lo destruirá, pues no puede vencer con su intelecto sino solamente con el poder del Espíritu Santo. El apóstol Pablo nos hace saber en Romanos: «Mas ¿qué dice? Cerca de ti está la palabra, en tu boca y en tu corazón. Esta es la palabra de fe que predicamos» (Romanos 10.8). Pablo conocía el poder de tener la Palabra en el corazón y citó la Escritura, del libro de Deuteronomio. En otra ocasión, Pablo, hablándole a los colosenses, les advirtió de la siguiente forma: «La palabra de Cristo more en abundancia en vosotros, enseñándoos y exhortándoos unos a otros en toda sabiduría, cantando con gracia en vuestros corazones al Señor con salmos e himnos y cánticos espirituales» (Colosenses 3.16). ¡Que la Palabra de Dios viva en su vida!

La Biblia es la luz para nuestro corazón

La Palabra de Dios ministra luz en la oscuridad de nuestro corazón, el cual diariamente es atacado por el enemigo. El salmista afirmó: «Los mandamientos de Jehová son rectos, que alegran el corazón; el precepto de Jehová es puro, que alumbra los ojos» (Salmos 19.8). La Biblia nos hace ver cosas que normalmente no podríamos percibir. Ella brilla en la oscuridad, dándonos luz y sabiduría en asuntos difíciles. La luz que ella transmite nos da la habilidad para vencer en todas las esferas de nuestra vida, y nos permite ver aquellas cosas o pecados que están en secreto, escondidos en el corazón.

Cierta vez, una niña se perdió en un lago cuando paseaba con sus amigas en un barquito con pedales. Ya había oscurecido, y su padre salió a buscarla con una linterna. Aquel hombre, gritando, decía:

—¡Hija querida, di algo, grita para que pueda oír!

Ella exclamó desde dentro del lago:

—¡Estoy aquí!

Su padre le pidió que mirara la luz de la linterna y la siguiera, pues así encontraría la orilla del río. Y, guiándose por esa luz, encontró la orilla. Al llegar, saltó del barquito y, abrazando a su padre dijo aliviada:

—Si no fuera por tu voz y por la luz de la linterna, mis amigas y yo habríamos quedado perdidas en este lago hasta mañana.

¡La luz de la linterna las orientó! De la misma forma, la Biblia es la luz que nos guía, y la voz del Señor, la que nos orienta para llegar hasta la orilla en nuestra vida espiritual. La Biblia es luz para nuestro corazón. El salmista nos enseña: «Lámpara es a mis pies tu palabra, y lumbrera a mi camino» (Salmos 119.105). En una ocasión, una hermana, citando este versículo frente a su congregación, se puso tan nerviosa que las primeras palabras las dijo correctamente, pero al final del versículo se confundió y dijo: «La Biblia dice, hermanos, lámpara es a mis pies tu palabra y, y...», en lugar de decir, y lumbrera a mi camino, se olvidó y completó el versículo diciendo: «y, y...y electricidad a mis caminos». Para esa hermana, la Biblia no solamente era luz, sino también electricidad. Permita que esa electricidad, esa luz maravillosa de la Palabra de Dios invada su corazón. Este verso del Salmo 119 fue uno de los primeros que Kathryn y Junior aprendieron. Junior duerme con su Biblia al lado de la almohada y, a veces, abrazado de ella, pues así es de fuerte el amor que le tiene. Hace unos días me dijo que se haría cargo de mi ministerio cuando yo sea viejo. Entonces, le dije: «Junior, todavía falta mucho, tú tendrás tu llamado, tu unción, tus dones, tu propia habilidad y tu propia identificación ministerial sin tener que caminar bajo mi sombra. Estudia la Palabra y el día de mañana serás apto y perfecto para toda buena obra».

En cierta ocasión, en el año 1998, prediqué en el estadio Luis Aparicio, en Maracaibo, Venezuela. Me acompañaba toda mi familia, y, después de terminar mi mensaje, Junior colocó su bracito alrededor de mi cuello y dijo: «Papi, cuando crezca predicaré igual que tú, en un lugar así con mucha gente, porque estoy aprendiendo contigo». Estas palabras de Junior llenaron mi corazón de alegría, y, colocando mi brazo sobre él, le dije: «¡Así será hijo mío. Así será, en el nombre de Jesús!» ¡Gloria a Dios! Enseñe a sus hijos la Palabra de Dios con su ejemplo. Kathryn y Junior tienen mi ejemplo y el de mi esposa. ¿Es usted un ejemplo para sus hijos? Desde pequeños, nuestros hijos juegan al culto en la sala de nuestra casa. Junior coloca una silla como si fuera el púlpito, poniendo la Biblia encima, y le predica a Kathryn hasta que ella se cansa. Hace unos días, Kathryn le dijo a Junior: «Prepara otros sermones porque estos los conozco...»

El salmo 119 nos dice: «La exposición de tus palabras alumbra; hace entender a los simples» (v. 130). La Palabra nos da entendimiento, sabiduría y luz. El libro de Proverbios declara: «Porque el mandamiento es lámpara, y la enseñanza es luz, y camino de vida las represiones que te instruyen» (Proverbios 6.23).

La Palabra nos disciplina a través de sus correcciones y nos da luz a través de sus mandamientos. Nunca huya de Dios cuando Él lo corrige y lo disciplina en virtud de sus errores. La Palabra exhorta, corrige y sana nuestro corazón.

Pedro, en su segunda carta, nos enseña: «Tenemos también la palabra profética más segura, a la cual hacéis bien en estar atentos como a una antorcha que alumbra en lugar oscuro, hasta que el día esclarezca y el lucero de la mañana salga en vuestros corazones» (2 Pedro 1.19). D.L. Moody decía que la Biblia es una antorcha eficaz y poderosa.

Cierta vez, un piloto quedó imposibilitado de aterrizar su pequeño avión al atardecer porque las luces de la pista de aterrizaje no funcionaban. Al comunicarse con la torre de control del pequeño aeropuerto, dijo que no podía ver la pista para aterrizar.

Entonces, uno de los responsables del aeropuerto entró a su automóvil y, encendiendo las luces, recorrió la pista de un extremo a otro, yendo y viniendo del inicio al fin de la misma, de manera que el piloto del avión pudiese verla por el reflejo de las luces del auto. El piloto preguntó a la torre de control qué estaba haciendo el automóvil, y la respuesta fue que esa era la manera que usarían para que él pudiera distinguir la pista y aterrizar su avión. Entonces, con mucha cautela y cuidado, el piloto consiguió, con ayuda de las luces del auto, descender en la pista sin ningún problema. La Biblia es como las luces que nos guían para poder aterrizar nuestro «avioncito» y tomar decisiones correctas en situaciones peligrosas, sin ningún problema.

El pueblo de Dios ama la Biblia de corazón

Y me regocijaré en tus mandamientos, los cuales he amado (Salmos 119.47).

¿Usted ama la Palabra de Dios? ¿Ocupa ella un lugar destacado en su vida? ¿Cuál es su prioridad diariamente? ¿Pasa usted tiempo con ella examinando sus escritos? Si no ama la Palabra, no ama a Cristo porque Cristo es la Palabra de Dios. Vea lo que nos dice el salmo: «Mejor me es la ley de tu boca que millares de oro y plata» (Salmos 119.72).

¿Ama usted la Palabra más que a los tesoros de esta vida? Entre el dinero y la Palabra, ¿qué es más importante en su vida? ¿Quién ocupa el primer lugar? Jesús dijo en el Evangelio de Mateo: «No os hagáis tesoros en la tierra, donde la polilla y el orín corrompen, y donde ladrones minan y hurtan; sino haceos tesoros en el cielo, donde ni la polilla ni el orín corrompen, y donde ladrones no minan ni hurtan. Porque donde esté vuestro tesoro, allí estará también vuestro corazón» (Mateo 6.19-21). ¿Cuál es su prioridad en esta vida? ¿Volverse rico, poderoso? ¿Disfrutar de los placeres terrenales? El salmista David dijo: «¡Oh, cuánto amo yo tu ley! Todo el día es ella mi meditación» (Salmos 119.97). ¿Medita usted en la Palabra durante el día? ¿Se toma un tiempo para leer las Escrituras? En este mismo salmo, David nos sigue diciendo: «Sumamente pura es tu palabra, y la ama tu siervo» (Salmos 119.140). ¿Espera usted algo de Dios? ¿Dónde está fundada su fe? ¿Él ya le respondió? ¿Cree usted en sus promesas?

Voltaire, el rebelde filósofo francés, era ateo. Una vez, refiriéndose al cristianismo, dijo: «Cien años después de mi muerte no habrá más cristianos, no habrá más Biblia, no habrá más Palabra de Dios, y desaparecerá definitivamente toda memoria de Cristo y de sus enseñanzas». ¡Qué ironía! Cien años después de su muerte, los franceses, movidos por el amor a la Palabra de Dios, usaron la propia imprenta de Voltaire y sus máquinas, que antes habían propagado el ateísmo, e imprimieron un millón de Nuevos Testamentos el día del centenario de su muerte... ¡Dios triunfó! No quedó ni el polvo de los huesos de Voltaire, pero la Palabra de Dios permanece para siempre en nuestro corazón. Nadie podrá destruirla; ella es invencible e indestructible.

Agradezco y agradeceré siempre a Dios por haber tenido padres que me llevaron a la iglesia de las Asambleas de Dios en la ciudad de Santa María, en el estado de Río Grande do Sul, Brasil, para que pudiese oír la Palabra de Dios. Los domingos en la mañana, asistíamos a las clases de la Escuela Dominical en la sede del centro de la ciudad; en la tarde, íbamos a la pequeña capilla de Vila Oliveira para el culto de las tres y regresábamos para el gran culto público por la noche, a partir de las siete. En aquel tiempo, era un placer oír la Palabra de Dios de labios de mi querido pastor Orvalino Lemos, que ahora descansa en las mansiones eternas de Cristo. Agradezco a Dios porque hubo hombres, como el amado pastor Eliseu Dornelles Alves, que me guiaron en la Palabra desde mi adolescencia y creyeron en mi llamado a las misiones mundiales. Más tarde, en JUCUM (Juventud con una misión), en Belo Horizonte, estado de Minas Gerais, bajo el liderazgo del Director Nacional, el pastor Jim Stier, y de los directores de la base, el pastor Jaime Araujo y su esposa Maristela, Dios moldeó, discipuló y quebrantó mi vida y me preparó para el ministerio. Después, en Madrid, España, ya como misionero de JUCUM y bajo el liderazgo del pastor Afonso Cherene, Dios siguió trabajando en mi vida bajo la sabiduría de aquel hombre y, cumpliendo con mi llamado, me entregó el ministerio para alcanzar las naciones. Hoy en día, realizamos centenares de cruzadas evangelísticas alrededor del mundo. Hasta el momento, he predicado en sesenta países de todos los continentes. La honra y la gloria pertenecen al Señor. Mi agradecimiento es eterno a esas personas que invirtieron su vida en mi formación espiritual desde niño con la Palabra de Dios. Recibí la influencia de mis padres, pasando por mis líderes espirituales, y llegando hasta donde estoy ahora, nutriéndome de su Palabra bendita y poderosa, la Biblia, la cual amo con todo mi corazón. ¡Aleluya! Nuestro ministerio ya llegó a través de audio y videocasetes de nuestros mensajes a ciento doce países, en los que miles de personas han sido salvas, restauradas, sanadas, llenas del Espíritu Santo y llamadas al santo ministerio de la predicación de la Palabra. Todo esto se debe a Cristo, quien, a través de su Palabra, ha realizado todos estos proyectos maravillosos. A Él sea la honra, la gloria, el poder y la alabanza para siempre. Hoy, estamos llegando a naciones que estaban con sus puertas cerradas al evangelio. Recientemente, recibí un telefax invitándome para una cruzada en Katmandú, Nepal, para cincuenta mil personas. Los pastores están orando y trabajando para obtener el permiso oficial del gobierno de Nepal para realizar esa cruzada histórica. El pueblo de Dios en esos lugares ama la Palabra y muchos han dado su vida por el evangelio de Cristo. Otros están en la prisión y son torturados porque los sorprendieron evangelizando por las calles y predicando la Palabra, que todavía está prohibida en los países musulmanes, budistas y en los que predomina el hinduismo. Pero la Palabra es amada por el pueblo de Dios de esos países extremadamente cerrados al evangelio. Recuerde que Dios no tiene fronteras ni precisa pasaportes. Para Él no hay puertas cerradas; en su vocabulario no existe la palabra imposible. Dios no tiene problemas; Él tiene la solución para los problemas.

La Biblia es una gran bendición para nuestro corazón

El Señor dijo a Josué: «Nunca se apartará de tu boca este libro de la ley, sino que de día y de noche meditarás en él, para que guardes y hagas conforme a todo lo que en él está escrito; porque entonces harás prosperar tu camino, y todo te saldrá bien» (Josué 1.8).

Para aquellos que reverencian la Escritura y se someten a ella, hay una gran bendición y muchas promesas de prosperidad en todas las esferas de su vida. La Palabra nos afirma que *todo saldrá bien* en aquello que emprendamos. David, refiriéndose a los preceptos y mandamientos de la ley del Señor, nos declara: «Tu siervo es además amonestado con ellos; en guardarlos hay grande galardón» (Salmos 19.11). Si guardamos esta Palabra, seremos recompensados con salud, bendiciones financieras y espirituales y disfrutaremos de la vida eterna cuando Él venga a buscarnos.

Cierto día, un pastor predicaba sobre el arrebatamiento de la Iglesia. Era domingo en la noche, y la iglesia estaba llena por la gran cantidad de invitados al gran culto. Muchos inconversos estaban presentes. Al terminar el ungido mensaje sobre la Segunda Venida de Cristo, el pastor preguntó a cuántas personas les gustaría ir en el maravilloso viaje del arrebatamiento. Muchos se pusieron de pie. Un borracho que había sido invitado a entrar por el portero estaba sentado en la primera fila, y el pastor le preguntó: «Amigo, ¿le gustaría ir en el viaje del arrebatamiento?» El borracho se levantó y, viendo que muchas personas se habían puesto de pie, miró al pastor y dijo: «¡Sí, me gustaría! Pero yo voy en el segundo viaje, porque el primero ya está muy lleno». Esta situación nos causa risa pero el tema es serio. No habrá un segundo viaje. O usted va en el primero, o no irá nunca y se perderá para siempre.

La Biblia es una bendición para nuestro corazón, pues nos avisa que Jesucristo volverá. En su primera carta a los tesalonicenses, Pablo nos exhorta: «Porque el Señor mismo con voz de mando, con voz de arcángel, y con trompeta de Dios, descenderá del cielo; y los muertos en Cristo resucitarán primero. Luego nosotros los que vivimos, los que hayamos quedado, seremos arrebatados juntamente con ellos en las nubes para recibir al Señor en el aire, y así estaremos siempre con el Señor» (1 Tesalonicenses 4.16-17). ¡Nosotros estaremos allá! ¡Lo veremos como Él es! Y todo ya habrá pasado.

Para que podamos llegar a nuestra morada de deleites junto a Él, el Señor nos dejó la Biblia. Su regreso es una promesa para aquellos que reverencian las Escrituras. Vea qué maravillosa bendición: «Cualquiera, pues, que me oye estas palabras, y las hace, le compararé a un hombre prudente, que edificó su casa sobre la roca. Descendió lluvia, y vinieron ríos, y soplaron vientos, y golpearon contra aquella casa; y no cayó, porque estaba fundada sobre la roca» (Mateo 7.24-25). Estas palabras son para aquellos que fueron prudentes, sabios y guardaron su Palabra. ¡La roca es Jesucristo! Podrán venir pruebas, descender lluvias torrenciales, nuestra vida podrá estar llena de luchas y persecuciones, podrán soplar vientos de problemas y adversidades y hasta torturas por su nombre. Todo esto podrá dar con ímpetu contra la casa de nuestra vida espiritual, pero ella no caerá, pues está edificada sobre la Roca, que es el Señor Jesucristo. ¡Aleluya!

Recientemente, luego de haber predicado mi mensaje en la Conferencia para Pastores durante la cruzada en Worchester, Massachussetts, un pastor pidió hablar conmigo. Él me confesó, con lágrimas en los ojos, que algunos meses antes estuvo a punto de dejar el ministerio. Se sentía desanimado, cansado y abatido. Alguien le prestó un video con un mensaje que prediqué acerca de la necesidad de pagar el precio del discipulado y de la renuncia personal. La palabra lo animó tremendamente y lo levantó. Y colocándose de rodillas, entregó todo al Señor, y Dios lo hizo cambiar de opinión. Ese pastor no abandonó el ministerio, sino que recibió nuevas fuerzas, nueva unción del Espíritu Santo, un nuevo poder para continuar en su ministerio. Este es el poder de la Palabra de Dios. Él se afirmó en la Roca, que es Cristo. Los problemas ministeriales habían pasado los límites que él podía soportar. El diablo estaba embistiendo con fuerza para destruir su casa espiritual y ministerial. Pero el Señor llegó a tiempo, como siempre. ¡Él nunca lo dejará! ¡Nunca! Así y todo, Dios también nos advierte y nos exhorta, mostrando las consecuencias para aquellos que no guardan la Palabra y no obedecen las Escrituras: «Pero cualquiera que me oye estas palabras y no las hace, le compararé a un hombre insensato, que edificó su casa sobre la arena; y descendió lluvia, y vinieron ríos, y soplaron vientos, y dieron con ímpetu contra aquella casa; y cayó, y fue grande su ruina» (Mateo 7.26-27). Este es el cuadro de una persona necia e insensata. Edificó su casa espiritual en la arena de las ilusiones de este mundo, de las riquezas y de los placeres, y de todo lo que esta vida ofrece para los deleites de la carne. En la esfera ministerial, muchas personas han edificado su casa en la arena del intelectualismo orgulloso, de la prepotencia, de la promoción personal, de la fama, de la popularidad y del deseo de ser reconocido y aplaudido por los hombres. Muchos han edificado sobre la soberbia y el deseo de querer ser mayor que sus colegas. Y muchos, después de estar allá arriba brillando como estrellas, oyen las palabras de Cristo: «Grande fue su caída». ¡Qué Dios nos guarde! Que usted y yo podamos humillarnos, entendiendo siempre que no somos nada ni nadie. ¡Que la sangre de Cristo nos cubra!

Grandes ministerios cayeron causando escándalos y vergüenza a la causa de Cristo. Edifique su casa espiritual y ministerial en la Roca Eterna, que es el Señor Jesucristo. Jesús nos dejó otra enseñanza muy valiosa. Vea lo que el evangelista Lucas registró en su libro: «Mientras él decía estas cosas, una mujer de entre la multitud levantó la voz y le dijo: Bienaventurado el vientre que te trajo, y los senos que mamaste. Y él dijo: Antes bienaventurados los que oyen la palabra de Dios, y la guardan» (Lucas 11.27-28). Este es el secreto. Oír y guardar la Palabra de Dios. Santiago también nos amonesta a no ser solamente oidores: «Pero sed hacedores de la palabra, y no tan solamente oidores, engañándoos a vosotros mismos» (Santiago 1.22). ¡Esta es la llave de la victoria y de la vida eterna! Cumplir la Palabra y no solamente oírla; atesorarla en nuestro corazón y guardarla para siempre.

El propio Cristo, refiriéndose a su Palabra, dijo: «De cierto, de cierto os digo: El que oye mi palabra, y cree al que me envió, tiene vida eterna; y no vendrá a condenación, mas ha pasado de muerte a vida» (Juan 5.24). ¡Qué bendición es la Palabra en nuestro corazón! Hemos pasado de muerte a vida, siendo salvos y reconciliados por su Palabra. En otra ocasión Jesús dijo «a los judíos que habían creído en él: Si vosotros permaneciereis en mi palabra, seréis verdaderamente mis discípulos» (Juan 8.31). El discipulado es conocer, obedecer, vivir y andar en la Palabra. Reverenciar es guardar, dar la honra que es debida, tratar con estima y aprecio.

Durante una cruzada en abril de 1996 en Viña del Mar, Chile, el Señor me concedió la honra de ser recibido por el gobierno chileno en el Congreso de la República, donde me otorgaron la medalla de bronce del Congreso. Más tarde, me recibieron en otra ceremonia en el Palacio de Bellas Artes, del Gobierno, como Hijo y Visita Ilustre de Viña del Mar y de la nación chilena. Escribí en el llamado Libro de Oro, en la sede del Gobierno en Viña del Mar, que dedicaba tal privilegio y honra primeramente al Señor Jesucristo, después a los pastores y a la Iglesia Evangélica de Chile, y también al presidente de Chile y sus ministros y al pueblo chileno. A ellos dediqué todo lo que había recibido. Dios me honró en aquella ocasión por haber honrado su Palabra por tantos años. Verdaderamente la honra es para Él. Solamente estoy cumpliendo mi misión de anunciar las Buenas Nuevas por el mundo entero. Sigo siendo un siervo inútil como Él dice en su Palabra, nada más. Esto es lo que soy, un simple predicador del evangelio, así como lo son mis colegas. La Biblia es una gran bendición para nuestro corazón.

La Biblia es purificación para nuestro corazón

Los jóvenes acostumbran a preguntarnos de qué manera podrían vivir una vida recta e íntegra ante los ojos del Señor. En la Palabra de Dios hay una orientación específica con respecto a esto: «¿Con qué limpiará el joven su camino? Con guardar tu palabra» (Salmos 119.9). Si la juventud guarda y observa la Palabra, todas las esferas de su vida serán santificadas y purificadas. Es la Palabra la que trae convicción de pecado a la juventud y la hace andar en victorias en la vida espiritual. Tú, que vives en los días de tu juventud, guarda tu vida y ora, ayuna y estudia la Palabra, y Dios te levantará a su tiempo. ¡Paga el precio! T.L. Osborn dijo en cierta ocasión que «es según la medida de tu consagración al Señor que Él te usará». Yo diría también que, *cuanto más te consagras, Él más te usa.*

Guarda tu cuerpo, alma y espíritu, y Dios te usará en gran manera. Santifica tus pensamientos y tus caminos y verás cuantas maravillas Dios hará en tu vida. ¡Aleluya!

El Señor nos dice, con relación a la santidad: «Ya vosotros estáis limpios por la palabra que os he hablado» (Juan 15.3). ¡Es la Palabra la que purifica! ¡Es la Palabra la que nos santifica! Cuanto más leemos la Biblia, más santas se tornan todas las esferas de nuestra vida. Si guardamos la Palabra de Dios, obtendremos la aprobación de Dios en todo lo que hacemos. Oyendo la Palabra de verdad y siendo transformados por la verdad, seremos purificados: «Santifícalos en tu verdad; tu palabra es verdad» (Juan 17.17).

Buda, en el final de su vida, dijo: «¿Qué es la verdad?» Mahoma, en sus últimos días, dijo: «¡Todavía no he encontrado la verdad!» Pero Jesucristo dijo: «Yo soy el camino, y la verdad, y la vida; nadie viene al Padre, sino por mí» (Juan 14.6). ¡Él es la verdad absoluta, no hay otra! La Palabra es la verdad, y Cristo es la verdad porque Él es la Palabra.

Con relación a la Iglesia, la Biblia dice que: «Cristo amó a la iglesia, y se entregó a sí mismo por ella, para santificarla, habiéndola purificado en el lavamiento del agua por la palabra» (Efesios 5.25-26). Nosotros somos santificados y purificados por la Palabra como Iglesia santa, sin mancha, inmaculada e irreprensible.

Pedro, en su epístola, escribe a la Iglesia: «Habiendo purificado vuestras almas por la obediencia a la verdad, mediante el Espíritu, para el amor fraternal no fingido, amaos unos a otros entrañablemente, de corazón puro; siendo renacidos, no de simiente corruptible, sino de incorruptible, por la palabra de Dios que vive y permanece para siempre» (1 Pedro 1.22-23). ¡Qué Escritura extraordinaria! Como Iglesia, debemos purificar nuestra vida, santificándola en la Palabra. A los colegas ministros, yo les digo que Dios nos usa y usará en la medida de nuestra diaria purificación. Jonathan Edwards, el gran predicador de Nueva Inglaterra, decía que «un hombre santo es una arma poderosa en las manos de Dios». ¿Por qué hay tantos pastores y evangelistas en la faz de la tierra y tan poco impacto en sus ministerios? ¿Por qué hay tantas iglesias dispersas alrededor del globo y tan poco impacto en el mundo? Si la vida de esos pastores, evangelistas y ministros fueran examinadas, descubriríamos que existen partes en ellas que no son rectas, santas y puras. A veces, algunas personas me dicen: «Dr. Yrion, ¿cómo Dios lo ha podido usar alrededor del mundo siendo usted tan joven?» Entonces respondo: Pague el precio que yo pagué y aún pago, y Dios lo usará de la misma forma. Esta es la respuesta correcta. Cuanto más se vacíe de sí mismo, Él más lo llenará de su poder. Cuanto más muera a su carne, Él le dará más vida en el poder del Espíritu Santo.

Cuanto más muera a su yo, su ego, Él le dará más vida, humildad, carácter y unción. Cuanto más se someta a su autoridad, Él lo levantará más y lo usará de manera grandiosa y poderosa. Y usted le servirá hasta el fin de su vida o hasta el día en que Él lo venga a buscar. ¡Oiga la Palabra y obedézcala!

Hace muchos años, un gran hombre de Dios que contrabandeó Biblias detrás de la Cortina de Hierro y de la Cortina de Bambú, dos países comunistas de la Europa del Este y Asia, le dijo a su esposa: «¡Regreso pronto!» Ella, embarazada de su primer hijo, le preguntó: «¿Hacia dónde viajarás esta vez?» Él respondió: «Voy a la China, a Corea del Norte y a Birmania. Pronto regreso». Le dio un beso a su esposa y, acariciando su vientre, dijo: «¡Pórtate bien, hijo mío, ya vuelvo!» Lo que ese gran hombre de Dios no sabía es que jamás volvería a su casa en los Estados Unidos. Él fue a la China y todo salió bien. Fue a Corea del Norte y salió todo bien. Pero, cuando fue a Birmania, tuvo problemas. Llevaba un cargamento de Biblias para distribuirlas en algunas iglesias cuando la policía comunista lo detuvo en la frontera. Lo llevaron a un granero en el medio del campo; lo colocaron en una roldana y, amarrado, lo levantaron. Colocaron ganchos en su boca que, rasgando la piel, salieron por su nariz. Lo pusieron de cabeza para abajo y colocaron un balde para que caiga la sangre. En su espalda quebraron tres varas de bambú. Con los golpes, el hueso de su espina dorsal se quebró, saliendo hacia fuera. Le sacaron sus ojos, rompieron sus dientes y agujerearon sus oídos. Los policías comunistas querían los domicilios de los pastores a los cuales él se dirigía, con el propósito de fusilarlos; pero él se negó a responder y por eso lo torturaron.

En medio de terribles dolores y mucho sufrimiento, torturado por amor a Cristo, por contrabandear Biblias, aquel hombre murió por el Señor sin retroceder o negarlo. Murió como un verdadero hombre de Dios. Su crimen fue llevar la Palabra de Dios a aquellos que no la tenían. Cuando su esposa recibió el telegrama que describía lo que habían hecho con él, tuvo un shock tan grande que el niño giró en su vientre, ahorcándose con el cordón umbilical. ¡Qué tragedia hermanos! Dos vidas se fueron, padre e hijo, este último antes de nacer, por amor a la Palabra. Oh Dios...

Mientras muchos dan su vida para propagar la Palabra de Dios, otros tantos tienen la Palabra y no les interesa leerla. Aquel hombre murió en la trinchera valientemente, como hombre que fue, y como hombre de Dios. Murió por la Palabra de Dios, para que ella fuese predicada a los países menos evangelizados del mundo de la Ventana 10/40, en Birmania. Mientras nosotros tenemos el privilegio de poseer miles de ejemplares de la Biblia, millones de personas anhelan y oran para obtener apenas un ejemplar de la Palabra de Dios.

Dios se llevó a aquel hombre que ya estaba listo y preparado para ir a los cielos. Aquel hombre santo y valiente terminó su ministerio. Y, purificado por la Palabra, podía decir como el apóstol Pablo: «Porque yo ya estoy para ser sacrificado, y el tiempo de mi partida está cercano. He peleado la buena batalla, he acabado la carrera, he guardado la fe. Por lo demás, me está guardada la corona de justicia, la cual me dará el Señor, juez justo, en aquel día; y no sólo a mí, sino también a todos los que aman su venida» (2 Timoteo 4.6-8). Pablo, el gran hombre de Dios, fue decapitado por amor a la Palabra. Al contrabandista de Biblias de Birmania también lo torturaron y murió por amor a la Palabra. Otros grandes hombres y mujeres en este momento están entregando su vida como sacrificio por la Palabra. Nosotros también, si permanecemos firmes, heredaremos la vida eterna, sea con torturas y sacrificios, libres o presos, saciados o hambrientos, con frío o calor. Sea de día o de noche, en cualquier lugar, en cualquier nación y en cualquier terreno, ¿estaremos listos a poner nuestra vida en la brecha para que otros reciban lo que nosotros hemos recibido a través de la Palabra de Dios? Que Dios nos ayude a ser fieles a Él y a atesorar la Palabra en nuestro corazón. Que jamás nos olvidemos que la Biblia está escrita en nuestro corazón. Ella es luz para nuestra vida y amada por el pueblo de Dios. ¡Es una gran bendición!

— 4 —

Escrita con un propósito

*Hizo además Jesús muchas otras señales en presencia de sus
discípulos, las cuales no están escritas en este libro
(Juan 20.30).*

Cada vez que regreso de un viaje llevo regalos para Kathryn y Junior. Esta ha sido una costumbre desde que ellos nacieron. Ya sean viajes nacionales o internacionales, jamás dejé de comprarles algún regalito. El año pasado, cuando preparaba mi viaje a Francia y Bélgica para una serie de eventos evangelísticos y también a Inglaterra para una reunión, Kathryn se sentó en la escalera de nuestra casa y comenzó a llorar. Ella me llamó y, abrazándome, me decía: «Papi, no salgas de viaje, te amo mucho y te extrañaré...» Junior estaba a su lado. Él apenas escuchaba y, abrazándome, también me dio un beso. Kathryn continuó abrazándome y llorando por un buen tiempo. Entonces, Junior, viendo que ella continuaba pidiendo que no viajase, la miró y, sacudiendo su cabeza como quien dice no, dijo: «Kathy, no le digas a papi que no salga de viaje porque, si él no sale, no traerá un regalito para nosotros...» Qué inteligentes son los chicos de hoy, ¿no lo cree? ¡Son lindos!

La Biblia y su propósito para nuestra vida

¿Para qué nos habrá dejado Dios este libro? ¿Cuál fue su propósito al dejarnos las Escrituras? ¿Por qué la Biblia es tan importante para nosotros? Ella es llamada el Libro de los libros. Respecto a esto leemos: «Porque has engrandecido tu nombre, y tu palabra sobre todas las cosas» (Salmos 138.2). ¿Qué es lo que el Señor engrandeció, tornó grande, excelso y poderoso? ¡Su Nombre y su Palabra! No hay nombre debajo de los cielos, arriba en las alturas, o debajo de la tierra, o en el universo entero que se compare al nombre del Señor y al poder de su Palabra, la Biblia. ¡Aleluya!

Porque desde donde el sol nace hasta donde se pone, es grande mi nombre entre las naciones ... Porque yo soy Gran Rey, dice Jehová de los ejércitos, y mi nombre es temible entre las naciones (Malaquías 1.11,14).

El primer presidente de los Estados Unidos, refiriéndose a la Palabra de Dios y a las naciones, cierta vez dijo: «Es imposible gobernar el mundo sin Dios y sin Biblia». ¡Él estaba en lo correcto! La nación americana se fundó en los principios bíblicos y en el temor al Señor. La Constitución americana está fundamentada en la Palabra de Dios. Por eso se convirtió en una nación próspera, poderosa y justa en sus leyes. Lamentablemente, hoy ya no es así. Los políticos han abandonado los mandamientos de Dios y han cedido a las presiones seculares, promiscuas y mundanas, contrarias a lo que Dios estableció en las Sagradas Escrituras. El gobierno del ex presidente Bill Clinton basó su administración en el engaño, la mentira, escándalos de inmoralidades de un hombre con carisma pero sin carácter sólido y cristiano, favoreciendo grupos liberales a favor de la inmoralidad, perversos y corruptos en su manera de vivir. El gobierno también favoreció a grupos a favor del aborto. Sistemáticamente, la sangre de niños inocentes que son abortados se ofrece en el altar del holocausto al dios Moloc. Niños que no tienen siquiera el derecho de defenderse pues son asesinados, antes de poder decir alguna palabra, por mujeres que se ilusionan pensando que están defendiendo sus derechos mientras los seres que están en sus vientres maternos son arrancados a pedazos por una aguja cruel y asesina.

La Biblia es clara cuando dice: «Bienaventurada la nación cuyo Dios es Jehová, el pueblo que él escogió como heredad para sí» (Salmos 33.12).

Con este propósito, Dios dejó su Palabra: Para que las naciones pudiesen ser guiadas por Él, para que lo teman y anden en sus caminos, observando sus preceptos y leyes, las cuales están basadas en la rectitud, en el respeto mutuo y en la justicia social; para que todos pudiesen disfrutar de una vida plena, humanamente hablando, y aun heredar la vida eterna en Cristo Jesús, nuestro Señor.

1- La Biblia se escribió con un propósito especial

La Biblia se escribió con el propósito de autenticar la divinidad de Cristo, su naturaleza divina y celestial.

Juan, en su Evangelio, nos dice: «Pero éstas se han escrito para que creáis que Jesús es el Cristo, el Hijo de Dios, y para que creyendo, tengáis vida en su nombre» (Juan 20.31). Las señales que Cristo mostró fueron escritas para que pudiésemos creer en su Palabra y recibir la vida en su nombre. Como aseveramos anteriormente, su nombre es exaltado sobre todas las naciones y no hay otro comparable a Él. Es solamente en ese nombre que podemos recibir el perdón de nuestros pecados. Lucas nos declara: «Y en ningún otro hay salvación; porque no hay otro nombre bajo el cielo, dado a los hombres, en que podamos ser salvos» (Hechos 4.12). ¡Ese nombre es Jesucristo! ¡No hay otro! Por eso, los apóstoles, aunque en prisiones, «fueron llenos del Espíritu Santo, y hablaban con denuedo la Palabra de Dios». La Biblia se escribió con el propósito de llevarnos a la vida eterna, de guiarnos con su sabiduría para que podamos obtener una salvación tan grande a través de Jesucristo, nuestro Señor y Salvador.

La Biblia se escribió para darnos testimonio de la verdad. «Este es el discípulo que da testimonio de estas cosas, y escribió estas cosas; y sabemos que su testimonio es verdadero» (Juan 21.24).

El propósito de Dios en dejar registradas las palabras y milagros de Cristo es guiarnos a la verdad, a fin de que vivamos por medio de ella. Juan nos hace saber que, durante el ministerio de Cristo sobre la tierra, Él hizo «otras muchas cosas ... las cuales si se escribieran una por una, pienso que ni aun en el mundo cabrían los libros que se habrían de escribir» (Juan 21.25). ¿Se da cuenta de la grandeza de los hechos de Cristo? ¿Puede imaginar el poder de sus milagros, el poder de sus palabras, mientras una multitud lo oía? ¡Es increíble! A veces no paramos para meditar en este versículo. Este es de extrema importancia porque revela que Dios se interesó en dejarnos un libro inspirado, divino y eterno para que pudiésemos conocerlo. Jesús fue la réplica, copia, reproducción exacta del Padre Celestial en todo lo que hizo, dijo y actuó. Para conocer a Dios, es necesario conocer a Cristo, es necesario conocer la Palabra, y la Palabra es Cristo... ¡Aleluya! Jesús reflejó a su Padre en todas sus actitudes y pensamientos. La plenitud del Padre estaba en su Hijo. Vea lo que Pablo nos dice: «Por cuanto agradó al Padre que en él habitase toda plenitud»

(Colosenses 1.19). Más adelante, Pablo nos habla en el mismo libro: «Porque en él habita corporalmente toda la plenitud de la Deidad» (Colosenses 2.9). Las Escrituras nos fueron dejadas para que conociéramos la plenitud del Hijo.

La Biblia se escribió también para enseñarnos a vivir bajo el signo de la esperanza. «Porque las cosas que se escribieron antes, para nuestra enseñanza se escribieron, a fin de que por la paciencia y la consolación de las Escrituras, tengamos esperanza» (Romanos 15.4). A la luz de la Palabra, tenga fe, paciencia y esperanza. Crea que su esposa, su esposo y familiares se convertirán a Cristo. Crea siempre en el poder de la Palabra de Dios, con esperanza en las Escrituras diariamente.

Una hermana en Cristo oró durante mucho tiempo por su hijo que estaba perdido. Ella acostumbraba a orar en un rincón de la sala, detrás de una cortina. Su casa era pequeña y muy humilde. Pasaba horas en ayuno y oración por su hijo. Cierta vez, él llegó de madrugada de una fiesta con sus amigos, y su madre, que en aquel momento oraba, dijo: «Hijo, tú nunca irás lo suficientemente lejos como para que mis oraciones no te puedan alcanzar...» Pero el tiempo pasó, y la mujer falleció y no pudo ver la conversión a Dios de aquel hijo rebelde y desobediente. Un día, después de la muerte de su madre, algunas personas vinieron a comprar la casa, la cual había sido puesta a la venta. Mostrándoles la casa, al levantar la cortina de la sala y mirar hacia el piso, el hijo vio que estaba gastado por las rodillas y lágrimas de su querida madre. El Espíritu Santo le hizo recordar inmediatamente las palabras de su madre: «Hijo, tú nunca irás lo suficientemente lejos como para que mis oraciones no te puedan alcanzar...» Al oír estas palabras en su corazón, por la convicción del Espíritu y sin dar mucha importancia a las personas que lo acompañaban, se lanzó al piso y, entre lágrimas, intentaba recoger con la mano, tocando las viejas tablas, las lágrimas de su madre, que fueron allí derramadas por el sufrimiento que él le había causado. Él exclamó a viva voz: «Madre, madre, mi mamá querida, ¿Dónde estás? Quiero encontrarme contigo algún día. Yo quiero a Cristo, yo quiero a Cristo. Oh Señor, ten misericordia de mí, salva mi alma, por la que tanto oró mi madre. Entrego mi corazón a ti, oh Dios...» ¡Aleluya!

Ese joven se convirtió por la perseverancia, paciencia, esperanza y fe que su madre depositaba en las Escrituras. Aunque no pudo ver con sus ojos el tan anhelado acontecimiento, ella lo verá en la eternidad. Sepa que ninguna lágrima que usted derrama en oración y fe en la Palabra de Dios es en vano. Todo está delante de la presencia del Dios todopoderoso. Basta confiar en su Palabra, y Él hará lo que prometió: «Cree en el Señor Jesucristo, y serás salvo, tú y tu casa» (Hechos 16.31).

Tal vez, querido lector, usted esté enfrentando el mismo problema familiar. O quizás esté orando por un amigo o por una persona específica. ¡Continúe rogando por ella! Solamente crea en la Palabra de Dios, y ella le dará la victoria, no importa cual sea el problema.

Para nuestro ejemplo

La Biblia fue escrita para que las experiencias humanas del pasado fuesen una advertencia para nosotros y que por medio de ellas pudiésemos aprender. «Y estas cosas les acontecieron como ejemplo, y están escritas para amonestarnos a nosotros» (1 Corintios 10.11). No debemos cometer los errores de aquellos que tropezaron en las Escrituras, sino practicar las cosas correctas que ellos practicaron; pues sus historias están relatadas en las páginas de la Sagrada Biblia para servir de alerta a todos nosotros.

Los escritos de adulterios, desobediencias, infidelidades al Señor y a su Palabra, como también los hechos heroicos de los santos mencionados, se registraron con el propósito de ser ejemplos y para nuestra edificación. La epístola a los Hebreos nos instruye al respecto: «Acordaos de vuestros pastores, que os hablaron la palabra de Dios; considerad cuál haya sido el resultado de su conducta, e imitad su fe» (Hebreos 13.7). Me he reflejado en muchos hombres de Dios que fueron y son ejemplos para mi vida espiritual, privada y pública. Y, como consecuencia, otros hombres me han dicho que he sido ejemplo para ellos en su vida y en sus ministerios. Algunos de ellos se han reflejado en nosotros por nuestra fidelidad a Dios y a su Palabra. Sin duda, es una gran responsabilidad para nosotros ver que muchos ministros son inspirados por nuestros proyectos y organización evangelística.

Conocer la vida eterna

Las Escrituras se escribieron también para darnos conocimiento de la vida eterna en Cristo: «Estas cosas os he escrito a vosotros que creéis en el nombre del Hijo de Dios, para que sepáis que tenéis vida eterna, y para que creáis en el nombre del Hijo de Dios» (1 Juan 5.13). Más adelante, Juan nos habla: «Pero sabemos que el Hijo de Dios ha venido, y nos ha dado entendimiento para conocer al que es verdadero; y estamos en el verdadero, en su Hijo Jesucristo. Este es el verdadero Dios, y la vida eterna» (1 Juan 5.20). Buda, al final de su vida, dijo: «¡Todavía no he encontrado la verdad!» Mahoma, al final de su vida, dijo: «¿Qué es la verdad?» Pero Jesucristo dijo: «Yo soy el camino, y la verdad, y la vida» (Juan 14.6). Cristo nos habló sobre un camino; ¡Él es el camino! Cristo nos habló sobre una verdad; ¡Él es la verdad!

Cristo nos habló sobre la vida; ¡Él es la vida! Todas las demás religiones son falsas, todos los demás dioses son falsos, todas las demás sectas son falsas, todos los caminos, excepto los indicados por la Palabra de Dios, son falsos. Esto no es arrogancia ni prepotencia de mi parte, sino un hecho real, genuino y verdadero. Jesucristo es la única verdad absoluta. El resto es error, falsedad, engaño y mentira. ¿Y quién dice esto? ¿Yo? ¡No! Es la Biblia, la única y final autoridad sobre cuestiones espirituales, dada a los hombres para que ellos puedan conocer al verdadero y único Dios, el Señor Jesucristo.

¡Gloria a Dios por su maravillosa Palabra!

2- La Biblia se escribió para ser leída con un propósito en la congregación

La Palabra de Dios nos dice en el libro de Éxodo, que Moisés «tomó el libro del pacto y lo leyó a oídos del pueblo, el cual dijo: Haremos todas las cosas que Jehová ha dicho, y obedeceremos» (Éxodo 24.7).

Josué hizo lo mismo cuando tomó el lugar de Moisés: «Después de esto, leyó todas las palabras de la ley, las bendiciones y las maldiciones, conforme a todo lo que está escrito en el libro de la ley» (Josué 8.34). Cuando la Palabra es leída y predicada públicamente en el púlpito de nuestras congregaciones, el pueblo de Dios aprende a temer y a reverenciar las enseñanzas de este Libro Sagrado. Dios ordenó a Moisés y a Josué que lo hicieran con una razón y un propósito básico. Vea lo que dice Deuteronomio en el capítulo 6: «Y nos mandó Jehová que cumplamos todos estos estatutos, y que temamos a Jehová nuestro Dios, para que nos vaya bien todos los días, y para que nos conserve la vida, como hasta hoy. Y tendremos justicia cuando cuidemos de poner por obra todos estos mandamientos delante de Jehová nuestro Dios, como él nos ha mandado» (Deuteronomio 6.24-25). Al oírla, debemos obedecerla, pues ella es la garantía de que todo nos irá bien. Josué obedeció al Señor al leerla: «No hubo palabra alguna de todo cuanto mandó Moisés, que Josué no hiciese leer delante de toda la congregación de Israel» (Josué 8.35).

Cierta vez, un pastor fue a predicar a Kiev, Ucrania, cuando esta ya había salido del yugo comunista. Él llevó una caja con aproximadamente cien Biblias para regalar a aquellos que irían a oírlo. Cuando llegó, para su sorpresa, se había reunido un público de más de treinta y cinco mil personas para escuchar la Palabra de Dios. Al ver la multitud, el pastor le dijo al Señor: «Dios, ¿cómo distribuiré cien Biblias entre todo este pueblo?» El Señor le respondió: «Este pueblo tiene hambre y sed de mí. Esto es lo que harás: primero, predicarás la Palabra públicamente. Después, sacarás hoja por hoja de los Evangelios de todas las Biblias que trajiste y harás que formen una fila y distribuirás al pueblo, persona por persona, porque una hoja de mi palabra es suficiente para alimentarlos espiritualmente y llevarlos a la vida eterna». ¡Qué poderosa es la Palabra de Dios! Una única hoja es suficiente para alimentar a alguien y conducirlo al conocimiento de Cristo. Que podamos leer, predicar y obedecer la Palabra de Dios.

La Biblia dice, en el libro del profeta Jeremías, que «Baruc hijo de Nerías hizo conforme a todas las cosas que le mandó Jeremías profeta, leyendo en el libro las palabras de Jehová en la casa de Jehová» (Jeremías 36.8). Es cuando oímos las palabras de ese libro en la casa del Señor, que somos instruidos, enseñados y adoctrinados en los caminos santos de Dios. Salomón dijo en Eclesiastés: «Las palabras de los sabios son como aguijones; y como clavos hincados son las de los maestros de las congregaciones, dadas por un Pastor» (Eclesiastés 12.11). La Biblia se escribió para ser leída en la congregación de Israel y por nosotros también en nuestros días. Cuando el pastor predica la Palabra, él enseña respecto de un libro cuya sabiduría jamás se agotará. Por siglos, predicadores han anunciado esta palabra en miles y miles de sermones diferentes, pero procedentes de los mismos versículos. Cada uno hace su sermón de acuerdo con la revelación que Dios le da. El énfasis y la aplicación son dados por el Espíritu Santo de acuerdo a la necesidad de cada congregación. Son miles de predicadores, que hacen miles de sermones, que son oídos por millones de personas alrededor del mundo, pero la Palabra de Dios es la misma. Cada domingo, la Biblia se lee públicamente en miles de púlpitos, con los mismos libros y los mismos versículos, pero se predica en miles de formas, diferentes una de la otra, por miles de predicadores distintos, en todas las naciones de la faz de la tierra, en innumerables idiomas y dialectos diferentes, a miles de culturas diferentes. Es ahí que reside el secreto de la maravillosa Palabra de Dios. Ella no es un libro humano, sino divino, como vimos anteriormente. Ningún otro libro es capaz de producir los efectos de la Biblia.

Jesús mismo dio énfasis a la lectura pública de la Palabra. Veamos Lucas 4.16-17: «Vino a Nazaret, donde se había criado; y en el día de reposo entró en la sinagoga, conforme a su costumbre, y se levantó a leer. Y se le dio el libro del profeta Isaías; y habiendo abierto el libro, halló el lugar donde estaba escrito».

Jesús conocía la importancia de leer la Palabra de Dios públicamente. Él encontró justamente el texto que hablaba de sí mismo. Era el cumplimiento de las Escrituras. Ella no falla nunca. El apóstol Pablo también fue enfático destacando la importancia de la lectura pública de las Escrituras cuando dijo a los colosenses:

«Cuando esta carta haya sido leída entre vosotros, haced que también se lea en la iglesia de los laodicenses, y que la de Laodicea la leáis también vosotros» (Colosenses 4.16). Pablo dio relevancia a que las iglesias pudiesen leer públicamente las cartas que él escribía. Este era el propósito de Pablo; que fuesen leídas, obedecidas y seguidas a través de un discipulado radical, completo y verdadero.

La reina Isabel de Inglaterra cierta vez dijo: «La Biblia y su lectura es la razón de la supremacía del reino británico». ¡Aleluya! Los líderes mundiales del pasado reconocían la autoridad absoluta de la Biblia y su lugar de prominencia y propósito en todas las esferas de la vida.

3- La Biblia se escribió para ser la regla final de norma y fe

El mundo no puede ser dirigido sin una base de normas y reglas, sin una conciencia de lo correcto o incorrecto, de lo que es moral o inmoral, de lo que es verdad y lo que es mentira. Usted puede ver que el policía detiene el tránsito con su mano, y los conductores le obedecen. ¿Por qué? Porque en su uniforme, él representa la autoridad y el poder que la nación o estado le concedieron. Él tiene autoridad humana para hacer lo que está haciendo porque le fue otorgada por la Constitución Nacional del país que representa. De la misma manera, la Biblia tiene la autoridad y el poder divino, que le concedió el propio Dios, para guiar nuestra vida de acuerdo con lo que en ella está escrito. Todo lo que tenemos que hacer es erguir la Palabra y decir al mundo que ella se escribió para ser la base de nuestra fe, y la norma y regla de nuestra conducta, procedimiento y comportamiento.

La palabra «norma» deriva de la palabra griega llamada *gno-*

risma» que significa señal, marca, medida reconocible. En el sentido ético, la regla moral debe ajustar nuestros hechos y comportamientos. Veamos ahora el concepto de la palabra «conducta». Ética, en general, es la ciencia de la conducta. Entendemos por conducta la actitud constante (conjunto de acciones conscientes) dirigidas a un fin. Ética es, por lo tanto, un código de reglas, los principios morales que rigen la conducta y consideran las acciones de los seres humanos con una referencia de justicia o injusticia, de bien o mal. Por lo tanto, la ética es una ciencia normativa, porque busca una norma según la cual se pueden formular reglas y leyes de conducta. Así, una conducta ética viene a ser simplemente una conducta de acuerdo con ciertas normas o reglas que son puestas para ser obedecidas, para tener una conducta limpia, impecable y perfecta. Pirk Aboth dijo: «Existen tres coronas: la corona de la sabiduría, la corona del sacerdocio, y la corona de la realeza. Pero la corona de una buena reputación y de una conducta intachable excede a todas».

La Biblia es nuestra regla de fe y normas

El libro de Proverbios nos enseña: «Sin profecía el pueblo se desenfrena; mas el que guarda la ley es bienaventurado» (Proverbios 29.18). Si no hay enseñanza de la Palabra, el pueblo no tiene dirección; y si no guardamos la ley, tanto divina como humana, caemos en transgresión de lo que fue establecido espiritual y secularmente. Isaías nos dice: «¡A la ley y al testimonio! Si no dijeren conforme a esto, es porque no les ha amanecido» (Isaías 8.20). Lo que fue escrito, para nosotros fue escrito. Si no obedecemos a la Biblia como regla de fe y norma de conducta, nunca veremos el alba, o sea, no tendremos futuro, no seremos bendecidos y no prosperaremos secular ni espiritualmente. Una cosa está ligada a la otra. Jesús dice en Mateo: «De cierto os digo que todo lo que atéis en la tierra, será atado en el cielo; y todo lo que desatéis en la tierra, será desatado en el cielo» (Mateo 18.18). ¡No hay otra manera! ¡Lo que Dios estableció, está decretado! Nosotros tenemos que obedecer las reglas, normas y leyes que Dios colocó en la naturaleza. Las leyes de la física no pueden ser alteradas. También tenemos que obedecer la Palabra de Dios, que es la ley espiritual. Es simple; en Juan, Jesús dijo: «El que me rechaza, y no recibe mis palabras, tiene quien le juzgue; la palabra que he hablado, ella le juzgará en el día postrero» (Juan 12.48). Obedecer o no obedecer. Es una cuestión de libre albedrío, libre opción, libre elección o decisión. Aquel que oye la Palabra de Dios y la obedece ya recibió su galardón y recibirá la vida eterna. Aquel que no obedece la Palabra de Dios ya recibió su «recompensa» a través de una vida de derrotas, de enfermedades y destrucción y recibirá el castigo y la aflicción eterna. «Porque es justo delante de Dios pagar con tribulación a los que os atribulan, y a vosotros que sois atribulados, daros reposo con nosotros [galardón a los que obedecen], cuando se manifieste el Señor Jesús desde el cielo con los ángeles de su poder, en llama de fuego, para dar retribución a los que no conocieron a Dios, ni obedecen al evangelio de nuestro Señor Jesucristo; los cuales sufrirán pena de eterna perdición [destrucción en el infierno a los desobedientes], excluidos de la presencia del Señor y de la gloria de su poder» (2 Tesalonicenses 1.6-9). Esta es la palabra: Obediencia o desobediencia. Cielo o infierno. ¡Pronto! Esta es la palabra definitiva.

Recordemos la exhortación de Pablo: «Mas si aun nosotros, o un ángel del cielo, os anunciare otro evangelio diferente del que os hemos anunciado, sea anatema» (Gálatas 1.8). La Biblia es la regla final y norma de fe porque se escribió para nuestro provecho. No hay otra autoridad en la faz de la tierra. No hay otro libro. La Biblia es el camino que nos guía a obedecer las palabras del Maestro, librándonos de caer en desobediencia, engaño y mentira, y hasta de seguir doctrinas erradas y perversas que hoy, lamentablemente, existen en el ambiente evangélico de muchas iglesias, inclusive entre muchos ministerios «prósperos». Muchos han distorsionado la Palabra de Dios para su propio beneficio. «Por lo cual también nosotros sin cesar damos gracias a Dios, de que cuando recibisteis la palabra de Dios que oísteis de nosotros, la recibisteis no como palabra de hombres, sino según es en verdad, la palabra de Dios, la cual actúa en vosotros los creyentes» (1 Tesalonicenses 2.13). ¡La Biblia es la Palabra de Dios!

4- La Biblia se debe leer y entender en su totalidad y jamás debe ser alterada

El propósito eterno de Dios es que citemos la Biblia como ella es. Lo que Dios quiso revelar en las Escrituras fue escrito en su totalidad. Hoy en día, existen «ministerios» que diariamente reciben «nuevas revelaciones de parte de Dios». Y, entre estos «ministerios», existe una competencia muy grande de «quién recibe mayores revelaciones». De esta manera, abandonan la Biblia por completo. Son sus propias «revelaciones» las que alimentan sus corazones. No veo razón para que tales revelaciones «divinas» no sean entonces incluidas en la próxima edición del Nuevo Testamento. Si son tan importantes y si son de parte de Dios, entonces, todo el pueblo de Dios necesita oírlas. Si esas revelaciones no son sagradas como la Palabra de Dios, son engaños y mentiras, surgen en el intento de autopromoción ministerial. Lo que Dios deseó revelar de sí mismo al hombre está en lo que llamamos Canon, que es el conjunto de los sesenta y seis libros de la Biblia, inspirados y revelados por Dios. El resto es fantasía, sutileza y mentira de esos falsos «ministros reveladores». «Las cosas secretas pertenecen a Jehová nuestro Dios; mas las reveladas son para nosotros y para nuestros hijos para siempre, para que cumplamos todas las palabras de esta ley» (Deuteronomio 29.29). ¿Cuál ley? ¿Cuáles cosas reveladas? Es la Palabra de Dios, la Biblia. Esta es la revelación de Dios a nosotros. El resto es invento humano. No debemos agregar nada a la Biblia, ni debemos sacar nada de ella. La Biblia es lo que es. ¡Aleluya!

«Ahora, pues, oh Israel, oye los estatutos y decretos que yo os enseño, para que los ejecutéis, y viváis ... No añadiréis a la palabra que yo os mando, ni disminuiréis de ella, para que guardéis los mandamientos de Jehová vuestro Dios que yo os ordeno» (Deuteronomio 4.1-2). Dios nos ordenó no alterar o sacar nada de las Escrituras. Lo que Dios ordenó, debemos obedecer. El capítulo 12 del mismo libro nos dice: «Cuidarás de hacer todo lo que yo te mando; no añadirás a ello, ni de ello quitarás» (Deuteronomio 12.32). Debemos tener cuidado de no agregar o sacar palabras o versículos de la Biblia.

Una vez un joven cristiano viajaba en un tren. A su lado había otro joven que estaba leyendo la Biblia. El primero le preguntó si lo que él leía era de la Palabra de Dios. El otro, muy educadamente, dijo que sí. El joven entonces notó que la Biblia era muy finita y no gruesa como otras que él había visto, entonces, le preguntó: «¿Por qué tu Biblia es tan pequeña y no es como las otras o como la mía?» Respondiendo el otro joven dijo: «Nuestra iglesia tiene un pastor intelectual; cada vez que él predica y no está de acuerdo con algún pasaje de la Biblia, nos indica que debemos sacar esos versículos y páginas, y de tanto sacar, lo que quedó fue sólo esto que estás viendo». ¡Eso es absurdo! ¡Lamentablemente es verdad! Muchas iglesias y «ministros» de hoy ya no quieren cumplir, obedecer y predicar la Palabra de Dios como ella es. El apóstol Pablo ya nos decía en sus escritos, en sabios consejos al joven Timoteo, «que prediques la palabra; que instes a tiempo y fuera de tiempo; redarguye, reprende, exhorta con toda paciencia y doctrina ... y apartarán de la verdad el oído y se volverán a las fábulas» (2 Timoteo 4.2,4). Lamentablemente, hoy, en los Estados Unidos, existen iglesias que abandonaron por completo la predicación verdadera de la Palabra de Dios en sus cultos. Ya no predican contra la inmoralidad; al contrario, apoyan a los que viven en la perversión, hasta el punto de aceptar casamientos homosexuales; mientras que Dios estableció que el casamiento debería ser solamente entre un hombre y una mujer (Génesis 2.24-25; Romanos 1.24,26-29). Son iglesias muy ricas y poderosas financieramente hablando, pero están engañadas por el diablo. La Palabra para ellas sería la misma que para la iglesia de Laodicea en el libro de Apocalipsis: «Porque tú dices: Yo soy rico, y me he enriquecido, y de ninguna cosa tengo necesidad; y no sabes que tú eres un desventurado, miserable, pobre, ciego y desnudo» (Apocalipsis 3.17). Que Dios nos libre de predicar otra cosa excepto la Palabra de Dios, la Biblia, y predicarla como ella es, no como pensamos o la interpretamos.

«No añadas a sus palabras, para que no te reprenda, y seas hallado mentiroso» (Proverbios 30.6). Según este versículo, concluimos que todos los que no predican la Palabra con verdad, especialmente esos predicadores famosos que reciben tales «revelaciones», son mentirosos y engañadores. Debemos ser verdaderos y honestos al transmitir la palabra de este Libro Sagrado, con todo cuidado, reverencia e integridad de nuestra parte.

Una iglesia tenía un predicador terrible. Durante sus mensajes, él decía cosas extrabíblicas y siempre sacaba o agregaba algo a las Escrituras. Un día, predicando, dijo: «*Malaquías, en el capítulo 10, dice tal cosa...*» Una hermanita que lo oía gritó: «¡Señor predicador, el libro de Malaquías solo tiene 4 capítulos!» El predicador respondió: «No, el Señor me reveló este texto...» La realidad es que Dios no le había revelado nada; él no conocía las Escrituras. Tenga cuidado en hacer tal cosa; es muy peligroso cambiar las Escrituras para nuestro provecho. Apocalipsis nos hace saber: «Yo testifico a todo aquel que oye las palabras de la profecía de este libro: Si alguno añadiere a estas cosas, Dios traerá sobre él las plagas que están escritas en este libro. Y si alguno quitare de las palabras del libro de esta profecía, Dios quitará su parte del libro de la vida, y de la santa ciudad y de las cosas que están escritas en este libro» (Apocalipsis 22.18-19). Es una cuestión de vida o muerte agregar o sacar algo de las Escrituras.

Una niña, en cierta ocasión, preguntó a su madre mientras almorzaban juntas:

—Mamá, ¿de quién es la Biblia?

La madre, muy gentilmente respondió:

—La Biblia es de Dios, hija mía.

La niña volvió a decir:

—Entonces, es mejor que se la devolvamos porque en esta casa nadie la usa.

Es triste saber que existen muchas personas que ni siquiera leen las Escrituras. Es mi deseo que podamos volver a amar la Palabra como antes, pues ella es la razón de ser de nuestra vida espiritual y el medio por el cual conocemos a Dios.

La Biblia dice que los escribas, saduceos y fariseos estudiaban las Escrituras; ellos tenían la letra, pero nunca llegaron a conocer la verdad de la Palabra revelada de Dios. El evangelista Mateo nos afirma: «Y uno de ellos, intérprete de la ley, preguntó por tentarle» (Mateo 22.35). Ellos eran sabios conocedores de la Palabra escrita, estudiaban con aprecio, dedicación y respeto, pero nunca pudieron entender, discernir y aceptar que Cristo era el cumplimiento de las mismas Escrituras que habían estudiado por tanto tiempo.

Ellos estaban ciegos, eran incapaces de reconocer que Cristo trajo vida a las letras al cumplirlas con su venida. Es un peligro estudiar las Escrituras sin el debido discernimiento del Espíritu Santo. Por eso, tantos hombres, después de estudiarla, cayeron en sus propias interpretaciones y crearon nuevas sectas, doctrinas y religiones falsas, pues quisieron aplicar su punto de vista humano a una Escritura divina y correcta. Por esa razón, el apóstol Pablo ya nos decía: «El cual asimismo nos hizo ministros competentes de un nuevo pacto, no de la letra, sino del espíritu; porque la letra mata, mas el espíritu vivifica» (2 Corintios 3.6). El intelectualismo religioso de ciertos «ministros» los ha llevado al orgullo, a la arrogancia y a una prepotencia intolerable en sus acciones y palabras cuando están tras un púlpito. Tales ministros, en el deseo de tornarse mayores que sus colegas en el ministerio y al imponer su intelectualismo contraponiéndose a los principios de la humildad, se tornaron necios e insoportables, secos, vacíos y muertos en su vida espiritual. No es que estemos en contra del estudio tanto secular como teológico; no, muy por el contrario. Pero, por grandes estudiosos de las Escrituras que seamos, nunca debemos sacar el lugar que es del Espíritu de Dios, pues solamente Él puede darnos el discernimiento exacto y la aplicación correcta y eficaz para aplicar, en nuestros sermones, el poder, la sabiduría y la autoridad de la verdadera Palabra de Dios. Debemos predicarla con humildad y reconocimiento de que solamente Dios, por su gracia, puede hacernos ministros de esa nueva alianza. Por eso, Pablo también nos advierte: «Pero tenemos este tesoro en vasos de barro, para que la excelencia del poder sea de Dios, y no de nosotros» (2 Corintios 4.7). ¡La gloria es para Dios! Y como siempre he dicho en muchas conferencias pastorales y misioneras: Primero, Dios llama; segundo, Dios capacita; tercero, Dios envía; cuarto, Dios suple; y quinto, Dios respalda. ¡Todo es de Dios! De nosotros mismos, no tenemos nada. No debemos sacar el lugar que le pertenece a Dios. Si lo hacemos, estamos disminuyendo las Escrituras, pues Pablo dice que el poder es de Dios y no nuestro. El secreto de la vida ministerial de D.L. Moody residía en el siguiente versículo, que él mismo siempre mencionaba como la razón de su éxito: «Una vez habló Dios; dos veces he oído esto: Que de Dios es el poder» (Salmos 62.11). ¡El poder es de Dios!

Deseo concluir este capítulo contando una historia. Hace mucho tiempo, un hijo de Dios fue a llevar un cargamento de Biblias a la Unión Soviética en la época en que todavía era comunista. Ya en la habitación de su hotel en Moscú, se dio cuenta de que había perdido el pedacito de papel en el que estaba escrito el domicilio de su contacto, un pastor. Aquel hombre tenía tanta comunión con Dios, que, tomando un papel y un lápiz le dijo al Señor:

—Muy bien Señor, perdí el domicilio, pero me gustaría que tú me digas dónde está ese pastor; tú me vas diciendo, y yo voy escribiendo.

Dios le respondió:

—¡No es así! ¿Quién perdió el domicilio? ¿Fuiste tú o yo?

El hombre de Dios dijo:

—¡Fui yo!

Y Dios volvió a decirle:

—Entonces, encuéntralo tú. Y aún le dijo Dios: Haz oración y ayuno por tres días, y yo te diré dónde está. Habiendo transcurrido los tres días que el Señor determinó, el hombre de Dios dijo:

—¡Estoy listo! Comienza a decir, y yo voy escribiendo.

Escrita con un propósito

El Señor le dijo:

—¡No es así! Levántate y ve a sentarte en un banco en la Plaza Roja, y allí te diré dónde está el pastor.

El hombre cuestionó a Dios:

—¿Por qué no me lo puedes decir aquí en la habitación? ¿Tiene que ser allá en la nieve y el frío?

Dios le dijo:

—Porque te lo quiero decir allí y no aquí.

Entonces, el hombre de Dios se levantó y fue a la Plaza Roja. Apenas acabó de sentarse, vino un guardia, quien acercándose lo interrogó diciendo:

—¿Qué hace aquí solo? ¡Déjeme ver su pasaporte!»

El hombre de Dios hablaba en su espíritu al Señor y decía:

—En que tremendo problema estoy ahora; todo porque no me quisiste dictar el domicilio en la habitación, ¡tenía que venir aquí!

El policía le preguntó:

—¿Qué está haciendo aquí en la Unión Soviética?

El hombre de Dios dijo que había venido para visitar y hacer turismo, etc. En ese momento, Dios le dijo:

—¡No seas mentiroso! Dile a este guardia lo que viniste a hacer.

El hombre de Dios dijo:

—Pero Señor, ¿cómo voy a hacer una cosa así?

Dios le dijo:

—¡Díselo ahora!»

El hombre de Dios, levantándose del banco, dijo:

—¡Muy bien! Yo soy ministro del evangelio. Vine a traer un cargamento de Biblias; perdí la dirección del pastor que era mi contacto. Ahora bien, puede llevarme preso.

99

El guardia, colocando su mano en el hombro del hombre de Dios y sonriendo, dijo:

—Ya vi su nombre en su pasaporte. ¿Dónde estaba hombre de Dios? Hace tres días que estamos esperando. El pastor que usted busca es mi padre. Usted me ve en este uniforme de guardia del ejército porque el servicio militar es obligatorio aquí, pero yo soy creyente en Jesús, y mi padre es el pastor que lo está esperando hace tres días. ¿Dónde estaba?

¡Dios es fiel! Él no dejará que sus palabras caigan al piso. Él dijo que nos guardaría en todos nuestros caminos. Aquel hombre estaba contrabandeando Biblias, llevando la bendita Palabra de Dios detrás de la Cortina de Hierro, y Dios estaba con él y lo guardó. «Y me dijo Jehová: Porque yo apresuro mi palabra para ponerla por obra» (Jeremías 1.12).

Dios escribió la Biblia con un propósito muy específico para nuestra vida. Él se preocupó en dejar un libro que nos llevase a conocerlo y nos guiase a la vida eterna. Dios es maravilloso, compasivo, misericordioso, fiel, excelso en poder y gloria. Es necesario reconocer que muchos no han dado prioridad a la Palabra de Dios. Pero propongámonos leerla y estudiarla, dándole un lugar de prominencia en nuestro corazón.

Un mandato para el pueblo de Dios

Y lo tendrá consigo, y leerá en él todos los días de su vida,
para que aprenda a temer a Jehová su Dios, para guardar
todas las palabras de esta ley y estos estatutos, para ponerlos
por obra (Deuteronomio 17.19).

Cuando mis hijos eran pequeños, mi esposa y yo les enseñamos a respetar a los pastores, evangelistas, ministros y siervos de Dios. Siempre procuramos guiarlos en las enseñanzas para que Kathryn pudiese ser una sierva de Dios, y Junior, un profeta y predicador de su Palabra. Les enseñamos que no deben señalar con el dedo a un ministro, acusarlo por sus fallas, tampoco criticarlo, etc. Les explicamos con palabras acordes a su edad, para que ellos pudieran entender.

Cierto día, Kathy y Junior jugaban en su cuarto, pero ya era muy tarde y tenían que dormir. Ellos saltaban, gritaban y jugaban con sus muñecos. Entonces, me paré en la entrada de la habitación y dije: «Ya es hora de dormir. Vaya cada uno para su cuarto». Y regresé a la sala para seguir conversando con Dámaris. Al cabo de algunos minutos, percibí que el juego continuaba. Se podían oír las risas y canciones que entonaban con sus muñecos. Entonces, volví al cuarto y dije: «¿Con quién voy a comenzar la disciplina hoy? ¿A cuál de ustedes disciplinaré primero?» Miré a Junior y le dije: «Tú eres el menor y el más travieso; es contigo que voy a comenzar...» Kathryn, viendo a su hermanito en apuros, se tiró sobre él y, cubriendo su cuerpito con el suyo, me miró y dijo: «¡No puedes disciplinar a Junior! ¡No puedes pegarle a él!» Y pregunté por qué no podía. A lo que ella respondió: «Porque Junior es profeta y siervo de Dios, y a los profetas y siervos de Dios no se los disciplina, no se les pega y no se hace nada contra ellos...» ¡Qué lindos son los niños! ¡Cómo aplican las enseñanzas para beneficio propio!

En este capítulo, nos referiremos a la necesidad del estudio, de la enseñanza, de la predicación y de la fidelidad a las Escrituras.

1- El estudio de la Palabra de Dios es un mandato para nosotros

Dios nos ordenó que estudiásemos su Palabra. Es obligatorio, no consiste en una simple opción. El estudio de la Palabra es una orden divina, es un mandato de parte de Dios que no puede ser sustituido por nada. En cualquier profesión es necesario estudiar. Si usted quiere entender las computadoras, debe estudiar informática. En el caso de que se proponga ser un piloto de avión, debe estudiar el arte de pilotear aviones. Si usted se propone ser un médico, debe profundizar en la medicina. Si desea ser un dentista, debe estudiar odontología, y así por el estilo. Así sucede también con el ministerio; si de hecho quiere ser un ministro de Dios, debe estudiar las Escrituras; de lo contrario, será un fracaso. Es imposible calcular los perjuicios causados por obreros sin preparación y sin la mínima instrucción que han salido para hacer la obra de Dios sin conocer al Dios de la obra. Hombres y mujeres que trabajan en la obra del ministerio sin conocer al Dios del ministerio. Obreros que predican la Palabra sin conocer la Palabra que predican. Estos han causado grandes conflictos, confusiones y estragos en el campo cristiano.

Dios dijo a la nación de Israel que uno de los deberes del rey sería el de leer la Palabra todos los días. De esta manera, él temería a Dios en todos sus caminos. El Señor nos dice a los creyentes, y también a los ministros de su Palabra, que debemos leerla todos los días. En el libro de Deuteronomio, leemos que de esta manera guardaríamos su Palabra para cumplirla. También nos dice que Dios nos libraría del orgullo cuando leyéramos su palabra: «Para que no se eleve su corazón sobre sus hermanos» (Deuteronomio 17.20). Aquí está el antídoto contra la soberbia, el orgullo, la arrogancia y prepotencia. La Palabra nos hará humildes y dependientes de Dios todos los días. Cuando estudiamos las Escrituras, nos damos cuenta que somos débiles e impotentes sin Dios y su ayuda. Percibimos la fragilidad de la vida delante de la grandiosa y poderosa presencia de Dios. El salmista nos dice: «Porque todos nuestros días declinan ... acabamos nuestros años como un pensamiento. Los días de nuestra edad ... con todo, su fortaleza es molestia y trabajo, porque pronto pasan, y volamos. Enséñanos de tal modo a contar nuestros días, que traigamos al corazón sabiduría» (Salmos 90.9-10,12). ¡Qué frágiles somos!

Cierta vez, un pastor predicó sobre el versículo doce de este salmo. En su sermón, se fundamentó en que somos cenizas y polvo y lo afirmó durante todo su mensaje. Como era domingo, la iglesia estaba colmada de personas. Al terminar, preguntó a la congregación: «¿Qué somos nosotros?» Y todos respondieron a una sola voz: «Somos cenizas y polvo, somos cenizas y polvo...» Cuando terminó, el pastor llamó a un diácono para orar y finalizar el culto. El diácono oró y dijo: «Señor, recuerda que yo también soy polvo, que mi esposa es polvo y mis hijos también lo son. En fin, ten misericordia de la polvareda de tu iglesia, porque todos nosotros somos cenizas y polvo...» ¡Somos exactamente eso: polvo!

Seremos reducidos a partículas de polvo después de nuestra muerte. ¿Qué somos entonces? ¡Nada! Al considerar nuestra fragilidad, deberíamos concluir que el estudio de las Escrituras es un mandato para nosotros. Al leer la Biblia, el Señor nos instruye a caminar en sabiduría y en dependencia de Él. Tenemos que buscarla e investigarla. Vea lo que nos enseña el profeta Isaías: «Inquirid en el libro de Jehová, y leed» (Isaías 34.16). Precisamos buscar, estudiar, investigar y hacer de la Palabra de Dios la fuente de nuestros estudios, a fin de comprender sus designios. Jesús mismo habló acerca de la importancia de su estudio en el Evangelio de Juan: «Escudriñad las Escrituras; porque a vosotros os parece que en ellas tenéis la vida eterna; y ellas son las que dan testimonio de mí» (Juan 5.39).

Cuando el rey Sedequías necesitó oír algo de parte de Dios durante una crisis en la cual se encontraba su nación Israel, la Biblia nos dice que «Entonces el rey Sedequías ... le preguntó en su casa, en secreto: ¿Hay alguna palabra del Señor?» Sí, hay. Dios siempre desea hablar a nuestro corazón; siempre hay una Palabra del Señor para nosotros. Pero para eso debemos volver a las Escrituras, estudiar, examinar, volver a colocarla como prioridad en nuestra vida. Tenemos que leerla, investigarla, examinarla y estudiarla. Precisamos tener la misma mentalidad que el pueblo de Berea: «Y éstos eran más nobles que los que estaban en Tesalónica, pues recibieron la palabra con toda solicitud, escudriñando cada día las Escrituras para ver si estas cosas eran así» (Hechos 17.11). Nuestra nobleza no consiste en que hayamos nacido en la realeza, o que seamos descendientes de alguna familia importante, rica o poderosa como la de un rey. ¡No! Jesús nació en un pesebre. Él podría haber nacido en un palacio porque, en realidad, Él era rey; sin embargo, nació en un lugar humilde y pobre. Su nobleza consistía en el hecho de que Él era la revelación de la Palabra de Dios que se hizo carne. La Biblia dice que el pueblo de Berea fue más noble... al examinar **cada día** las Escrituras para certificar si lo que Pablo y Silas decían era la verdad o no. A la luz de este texto, concluimos específicamente que ser noble a los ojos de Dios es tener estima y aprecio hacia la Biblia. Amarla como a nosotros mismos. Cuando examinamos las Escrituras, sabemos lo que aconteció con los reyes de Israel y de Judá cuando abandonaron la Palabra. Aun siendo nobles de nacimiento y ostentando el privilegio de ser reyes, todos fueron destruidos por darle la espalda a Dios y por no haber reinado de acuerdo con su Palabra. La Biblia dice que Joás comenzó a reinar en Jerusalén a los siete años de edad. En el inicio de su reinado, él hizo lo que era bueno delante de los ojos del Señor, pero después abandonó al Dios de Israel. Comenzó bien y terminó mal. Vea lo que dice el libro de Crónicas: «Y desampararon la casa de Jehová el Dios de sus padres ... Y les envió profetas ... los cuales les amonestaron; mas ellos no los escucharon. Entonces el Espíritu de Dios vino sobre Zacarías ... y puesto en pie, donde estaba más alto que el pueblo, les dijo: Así ha dicho Dios: ¿Por qué quebrantáis los mandamientos de Jehová? Pero ellos hicieron conspiración contra él, y por mandato del rey lo apedrearon» (2 Crónicas 24.18-21). Joás llegó a abandonar al Señor hasta el punto de mandar a matar a un profeta de Dios. ¿Por qué? Porque él dejó de amar, respetar y obedecer la Palabra de Dios como lo había hecho en el principio de su reinado. Cuántos ministros comenzaron bien y terminaron mal. Cuántos ministros crecieron y, cuando fueron grandes, abandonaron al Señor y su

Palabra. Cuántas iglesias eran pequeñas y perseveraban en la Palabra y crecieron hasta el punto de tener miles de miembros. Pero, lamentablemente, con el pasar del tiempo, poco a poco, fueron abandonando los principios de la Palabra de Dios y el temor al Señor y así admitieron el liberalismo y mundanismo en la vida de sus miembros, corrompiendo así la iglesia, la doctrina y la santidad; santidad sin la cual nadie verá al Señor.

Cuántos inmigrantes llegaron a los Estados Unidos desde América Latina y el resto del mundo, se convirtieron y le pidieron a Dios que los prospere porque arribaban a ese país sin nada. Y, cuando Dios derramó sus bendiciones sobre ellos, tornándolos prósperos en sus empresas y grandes negocios, abandonaron a Dios olvidándose de su bondad y su misericordia y terminaron por dejar su Palabra. Hoy, se encuentran fuera de la iglesia, descarriados, sin Dios y sin fe, viviendo solamente para las cosas de este mundo y para los placeres de la carne.

Cuántos creyentes comenzaron bien su carrera cristiana y su vida espiritual, pero con el transcurso del tiempo cayeron en pecado y, en lugar de regresar a la Palabra, la abandonaron por completo. Hoy, los encontramos destruidos, lejos de la casa de Dios, sin gozo, sin alegría, sin paz y, lo que es peor, sin la seguridad de la vida eterna, corriendo el riesgo de morir en cualquier momento e ir a la eternidad sin Cristo.

Querido lector, si se encuentra lejos, acérquese a Cristo en este momento. Él lo perdonará. Deje sus problemas, tribulaciones, hechos y pesares a los pies de la cruz. Él es el Dios de la segunda oportunidad. Jesús nos dice: «Venid a mí todos los que estáis trabajados y cargados, y yo os haré descansar» (Mateo 11.28). ¡Vuelva a Él hoy mismo! Y usted, que es creyente pero ha abandonado algunos principios de la Palabra de Dios, vuelva a ella en este instante. Vuelva a la alegría de servir a Cristo, al gozo de compartir la Palabra con otros, pues su pastor lo estará esperando para ayudarlo. Conocer a Cristo es regocijo y bienaventuranza. Conocer la Palabra de Dios es maravilloso. Tener armonía y unión con otros ministros es algo hermoso; compartir nuestras experiencias con otros pastores y ser amigos unos de los otros es un placer enorme: «¡Mirad cuán bueno y cuán delicioso es habitar los hermanos juntos en armonía! Porque allí envía Jehová bendición, y vida eterna» (Salmos 133.1,3). Tengo algunos amigos pastores y ministros con los cuales paso horas conversando y aprendiendo con ellos, y, a veces, recordamos anécdotas divertidas, que nos hacen reír y abrazarnos unos a otros.

Una vez, tres ministros evangélicos que eran amigos se reunieron en la casa de uno de ellos para almorzar. A pesar de ser de diferentes denominaciones, siempre mantuvieron el respeto, la armonía y la amistad. Aunque tenían algunas diferencias teológicas entre sí, por muchos años, fueron compañeros de oración y compartían las cosas de Dios; predicaban sistemáticamente en sus iglesias, invitándose mutuamente en días especiales. En esta ocasión, la esposa de uno de ellos preparó un suculento lechón asado. Después que uno de los pastores terminó de orar agradeciendo por los alimentos, otro colega tuvo la idea de que solamente podrían comer el lechón si todos estuviesen de acuerdo con un juego, y quien tuviese más suerte se llevaría la mejor parte del lechón. Otro exclamó: «¡Entonces vamos a ver quién sabe más de la Palabra!» El primer pastor, que era presbiteriano, comenzó diciendo: «La Biblia relata que Pedro tenía una espada, tiró de ella e hirió al siervo del sumo sacerdote, cortándole la oreja derecha. Su nombre era Malco». Entonces, el pastor tomó el cuchillo y cortó las orejas del lechón y las colocó en su plato. «¡Muy bien!», dijeron los otros pastores. El segundo pastor, que era bautista, dijo: «Pues bien, la Biblia dice también que el rey Herodes, el Tetrarca, mandó a traer la cabeza de Juan el Bautista en un plato...» Exclamaron: «¡Tremendo!» Y él cortó un pedazo de la cabeza del lechón y lo colocó en su plato. Y el tercer pastor, que era de las Asambleas de Dios, concluyó y dijo: «Y, para terminar la secuencia de lo que dijo el colega bautista, la Biblia dice que llegaron los discípulos de Juan el Bautista y llevaron su cuerpo y lo sepultaron». Todos rieron, y el pastor, levantándose, dijo: «Con el permiso de mis colegas, llevaré el cuerpo del lechón para casa y lo sepultaré en mi barriga».

Que lindo es tener amistad unos con los otros. Hay tiempo para todas las cosas. Los ministros también necesitan reír y divertirse, salir con sus familias a dar un paseo, pues el ministerio demanda mucho tiempo. Nuestro trabajo es multifacético, es decir, hay mucho desgaste, tanto mental y físico como emocional.

2- La predicación de la Palabra de Dios es un mandato para nosotros

La Palabra es la semilla que debemos sembrar. A veces sembramos, aunque cansados, llorando y con dolor en el corazón, como dice el salmista: «Irá andando y llorando el que lleva la preciosa semilla; mas volverá a venir con regocijo, trayendo sus gavillas» (Salmos 126.6). ¡Cuántas veces me siento tan cansado, después de predicar en una cruzada durante una o dos semanas enteras, en el otro lado del mundo! A veces, recompensado financieramente, otras no, y sin dormir a causa de la diferencia del huso horario. El día de mi regreso a casa, dejo el hotel para dirigirme al aeropuerto sintiéndome totalmente exhausto por no poder dormir bien; con dolor de cabeza, débil, a veces con hambre por no haber tenido tiempo para comer algo. Luego, tomo un vuelo que dura dos o tres horas para tomar otra conexión. En oportunidades, el vuelo es cancelado, entonces, viajo recién al día siguiente y llego a casa totalmente destrozado físicamente, pero con alegría; feliz por las almas que se salvaron, por los milagros de sanidad que ocurrieron y por el poder del Espíritu que se derramó, sabiendo que veré a los amores de mi vida: mi querida esposa Dámaris y mis hijos Kathryn y Junior, los tesoros más preciosos que tengo en esta tierra. Uno de mis salmos favoritos y que más amo es el 128:

> Bienaventurado todo aquel que teme a Jehová, que anda en sus caminos. Cuando comieres el trabajo de tus manos, bienaventurado serás, y te irá bien. Tu mujer será como vid que lleva fruto a los lados de tu casa; tus hijos como plantas de olivo alrededor de tu mesa. He aquí que así será bendecido el hombre que teme a Jehová.

En este mismo salmo Dios nos dice: «Y veas a los hijos de tus hijos» (v. 6). Yo quiero vivir muchos y muchos años. Quiero ver a mis hijos casarse, si el Señor tarda para buscar a su Iglesia, quiero presentar mis nietos al Señor y dedicarlos a Él, así como mis padres lo hicieron conmigo. Quiero servir siempre al Señor con mi familia. Dámaris también es una predicadora de la Palabra, y Kathryn ya canta en la iglesia y dirige la alabanza en el culto de niños; Junior ya predica sus sermoncitos desde los cinco años de edad y, seguramente, será un gran predicador del evangelio. ¿Qué más puedo pedir? No quiero nada más. ¡Soy feliz! Soy bienaventurado porque temo al Señor. Solamente quiero predicar la Palabra en el mundo entero, a cualquier lugar que Él me dirija, como ya lo he hecho en todos los continentes.

Mi deseo es ganar el mundo perdido para Cristo. Como dijo

Hudson Taylor, el gran misionero en China que dedicó cincuenta años de trabajo a esa nación: «Si tuviera mil vidas, las daría todas para la China». Esta es mi meta. No quiero nada más. Como David Brainerd en los Estados Unidos, digo: «Me regocijo en mi abnegación personal, teniendo qué comer o no, teniendo qué vestir o no; no me importa. Quiero las almas de estos indios para Cristo». También diré como John Knox, el gran reformador escocés: «Dame las almas de Escocia o me muero...» Y hablaré como Zinzerdoff: «Tengo grandes pasiones, Cristo y las almas, dame almas, almas y más almas...» Y terminaré repitiendo las palabras del Dr. David Livingstone, el gran misionero del continente africano, quien declaró: «Dios tuvo un único Hijo, Jesucristo, y ese Hijo fue misionero. Mientras yo viva, seré un misionero...» Este es nuestro llamado: Predicar la Palabra de Dios.

En una tarde lluviosa de sábado, Edward Kimball oyó la voz del Espíritu Santo y corrió hasta donde estaba D.L. Moody, quien trabajaba como zapatero en un pequeño taller. Kimball ganó a D.L. Moody para Cristo, y este se convirtió en maestro de la Escuela Dominical. Más tarde, ese simple zapatero fue el famoso predicador de multitudes, tanto en Inglaterra como en los Estados Unidos. Moody se convirtió en un gran ganador de almas. Esta es nuestra meta; somos predicadores de la Palabra de Dios. La Biblia contiene el mensaje que debemos anunciar. No tenemos que buscar algún otro libro como auxiliar para predicar nuestros sermones, sino solamente la Palabra de Dios. Ella es suficiente y no precisamos predicar ningún otro tema, sino solamente el evangelio de Cristo. En el libro «*La teología bíblica de las misiones*», el Dr. Hugh Thomson expresó:

No somos enviados para predicar sociología sino salvación. No somos llamados a predicar economía sino evangelismo. No fuimos llamados para predicar reformas sino redención. No fuimos comisionados a predicar cultura sino la conversión. No estamos aquí para predicar el progreso sino el perdón. No recibimos el llamado para predicar un nuevo orden social sino un nuevo nacimiento. No predicamos una revolución sino regeneración. No debemos predicar nunca sobre nuestra organización, pero sí sobre una nueva creación en Cristo. No predicaremos sobre una democracia sino acerca del evangelio; y, finalmente, no somos redimidos para predicar sobre una nueva civilización sino de la remisión de nuestros pecados a través de Jesucristo, el Señor.

Vea lo que el apóstol Pablo nos dice en su segunda carta a los corintios: «Porque no nos predicamos a nosotros mismos, sino a Jesucristo como Señor» (2 Corintios 4.5). Tenemos que predicar a Cristo, su poder, autoridad, amor, perdón y victoria en la cruz. Cuando consideramos la situación mundial, percibimos la gran responsabilidad que tenemos de alcanzar el mundo para Cristo, lo que nos hace concluir en que la predicación de la Palabra es un mandato para nosotros. En 1992, cuando me invitaron para enseñar sobre el campo de las misiones en el departamento latino de la Universidad William Carey en el Centro Mundial de Misiones de Pasadena, California, consideré una gran honra y privilegio el poder influenciar las mentes jóvenes y los corazones dispuestos a ser futuros predicadores de la Palabra de Dios en tierras extranjeras o locales. En diferentes naciones hay muchos de mis estudiantes (hoy excelentes predicadores) que fielmente han obedecido el llamado de Cristo a las misiones.

Alexander Mackay, cuando escribió a la Sociedad de las Iglesias Misioneras, dijo: «Mi corazón arde para que África sea libre». El evangelista Reinhard Bonke, a quien Dios levantó de manera extraordinaria, dijo en cierta ocasión: «África no será salva; África está siendo salva». Él viaja por todo el continente africano, y en sus cruzadas ya hubo participación de más de un millón de personas en un solo lugar. Dios está derramando su poder en todos los continentes a través de un avivamiento mundial. Bonke predica un Evangelio simple con el poder de la Palabra de Dios y los resultados son enormes. Es eso lo que contiene la Biblia: el mensaje simple del evangelio. Así como Billy Graham, estos evangelistas son muy exitosos porque predican un evangelio simple en el poder de la Palabra. Es lo que nosotros hemos hecho donde nuestro ministerio ha llegado. Hemos ministrado en ciento doce países a través de los medios de comunicación mediante audios y videocasetes, y muchas personas han sido salvas y completamente cambiadas como resultado de la predicación de la Palabra de Dios con simpleza. Recibimos diariamente correos electrónicos de personas que nos cuentan cómo su vida cambió al oír nuestros mensajes; cómo sus hijos y familias conocieron a Cristo; cómo iglesias enteras fueron transformadas y avivadas, y pastores y ministros fueron edificados después de proyectar nuestros sermones en pantallas dentro de sus iglesias o en la privacidad de sus hogares. Este es el efecto extraordinario de la Palabra de Dios cuando ella es predicada con simpleza y con la unción del Espíritu Santo.

El misionero Melvin Cox, que murió después de estar apenas cuatro meses en Liberia, dijo antes de su partida: «Que caigan miles antes que alguno de nosotros desista y perdamos África...» No podemos desistir de nuestra ardua tarea de evangelizar el mundo. Tenemos que unir nuestros esfuerzos denominacionales para el mismo fin: Llevar los perdidos a Cristo, de cualquier manera o forma posible, con cualquier estrategia evangelística que

Dios nos conceda, en el proyecto que sea, siempre teniendo la Biblia como el mensaje central de todo lo que hagamos.

Cuando Henry Martin llegó a la India, declaró: «Ahora déjenme quemarme, dar mi todo, consumirme por Dios, para Dios y para la India». Que nosotros podamos decir lo mismo. Que nuestro amor por las almas perdidas sea mayor que el amor a nosotros mismos. Que podamos dejar el egoísmo y el interés propio y renunciar a nuestro «yo» y que podamos decir como Martin: *«Oh Dios, quiero consumirme para ti...»*, y poder agregar nuestras palabras y decir: «Danos, Dios, a nuestra querida patria. Salva a Europa. Derrama tu poder sobre este continente frío y hostil a tu Palabra. Salva a África y quiebra las maldiciones que hay allí. Salva a Asia y destruye los falsos dioses que existen en ese continente. Salva a las Américas, desde Alaska hasta Chile, y levanta un ejército de misioneros en América Latina. Salva, Dios, a Australia y Nueva Zelanda, usa a los latinos para ganar este continente de Oceanía. Dios salva al mundo perdido a través de nosotros». Que jamás olvidemos el clamor de Dios en el libro de Isaías:

Después oí la voz del Señor, que decía: ¿A quién enviaré, y quién irá por nosotros? Entonces respondí yo: Heme aquí, envíame a mí. Y dijo: Anda (Isaías 6.8,9).

No necesitamos esperar un llamado sobrenatural. ¡Él ya nos lo dijo en su Palabra: ¡Vayan! Solamente tenemos que obedecer. La Biblia nos comisiona, ordena y nos envía a predicar el evangelio. Es un mandato para nosotros, no una opción. Cuando estuve como misionero en Madrid, España, entre 1983-84, con JUCUM, conocí las canciones de Keith Green, cantante evangélico, que partió para estar con el Señor en un trágico accidente aéreo. Uno de los cánticos que más impactaron mi vida y que hoy conservo entre mi música preferida, es la canción «*Jesus commands to go*!» [¡Jesús nos ordena a ir!] En su letra nos dice:

Jesús nos ordenó que fuésemos, pero nosotros vamos en otro camino. Entonces, Él lleva el peso solo, mientras sus hijos están ocupados jugando... el mundo no puede ser salvo, a menos que aquellos que Él comisionó obedezcan... Él nos dijo que fuésemos... No es sorpresa que nosotros estamos moviéndonos tan despacio, cuando su Iglesia se niega a obedecer quedándose... porque Él sabe que las almas de los perdidos solamente pueden ser alcanzadas a través de nosotros. Nosotros somos sus manos y sus pies, por lo tanto, Jesús nos ordenó que fuésemos...

El apóstol Pablo decía: «¡Ay de mí si no anunciare el evangelio!» (1 Corintios 9.16). Que podamos tomar siempre nuestra Biblia en espíritu de adoración y alabanza y usarla como una espada. «Exalten a Dios con sus gargantas, y espadas de dos filos en sus manos» (Salmos 149.6). La Biblia contiene las semillas que debemos lanzar. «El sembrador es el que siembra la palabra. Y éstos son los de junto al camino: en quienes se siembra la palabra» (Marcos 4.14-15). Las Escrituras deben ser la base de todo mensaje predicado, cualquier otra cosa estará sin la calificación apropiada para la tarea de la predicación. Y Dios nos bendecirá cuando lo hagamos fielmente: «Y el que da semilla al que siembra, y pan al que come, proveerá y multiplicará vuestra sementera, y aumentará los frutos de vuestra justicia» (2 Corintios 9.10). Él nos llamó para predicar su Palabra.

3. Confiar en la Palabra de Dios es un mandato para nosotros

La Palabra de Dios es absolutamente segura y confiable. La fidelidad de las Escrituras sobrepasa nuestro entendimiento. Lo que Dios dijo, lo cumplirá. Vea lo que nos dice el primer libro de los Reyes: «Bendito sea Jehová, que ha dado paz a su pueblo Israel, conforme a todo lo que él había dicho; ninguna palabra de todas sus promesas que expresó por Moisés su siervo, ha faltado» (1 Reyes 8.56). ¿Cuándo falló Dios? ¿Alguna vez Él falló en cumplir? Cuando prometió algo, ¿alguna vez dejó de dar? Dios es fiel, y su Palabra es fiel. ¡Dios nunca falló y nunca fallará! Errar es algo humano; el hombre falla, pero Dios es divino. «Palabra fiel es esta, y digna de ser recibida por todos» (1 Timoteo 4.9) La escatología es el estudio de las profecías y de los acontecimientos del fin. Cuando estudiamos escatología, percibimos la veracidad y la fidelidad de la Palabra de Dios y cuán confiable es. Todo se ha cumplido delante de nuestros ojos; los hechos relacionados a la nación de Israel y a la Segunda Venida de Cristo. Todo se está cumpliendo exactamente como Él nos dijo. Confiar en la Palabra de Dios es un mandato para nosotros.

Tus testimonios son muy firmes; oh Jehová, por los siglos y para siempre (Salmos 93.5).

Cuando los constructores van a edificar una casa, un edificio o un puente, primero arman las bases, uniendo el cimiento y los hierros con concreto para que haya un fundamento. La construcción está fundada en las columnas que se entierran y que son lo suficientemente firmes como para soportar el peso de las paredes. La base es sólida y está firme para que la construcción permanezca. La Biblia es nuestra base y fundamento. Ella está firme como una columna espiritual enterrada, sólida y profunda en nuestro corazón para soportar cualquier problema o adversidad que podamos enfrentar. Ella nos hará permanecer para siempre, no importa lo que venga hoy o mañana. «Las obras de sus manos son verdad y juicio; fieles son todos sus mandamientos» (Salmos 111.7). La Biblia dice que todas sus leyes, mandamientos y promesas son fieles. Las palabras del Señor son dignas de fe, son leales, seguras, exactas, verídicas y no fallan. El libro del profeta Ezequiel nos afirma una vez más esta verdad:

Porque yo Jehová hablaré, y se cumplirá la palabra que yo hable; no se tardará más, sino que en vuestros días, oh casa rebelde, hablaré palabra y la cumpliré, dice Jehová el Señor (Ezequiel 12.25).

Si Dios le prometió algo, lo cumplirá. No ocurrirá lo que Él dijo si usted no cumple con su parte en obediencia. Algunas personas me dicen: «Yrion, Dios me habló hace tanto tiempo y prometió que me usaría, pero hasta ahora no ha sucedido nada». Entonces yo pregunto: «¿Usted ya cumplió los requisitos para que Él cumpla lo que le prometió?» Y oigo: «Ah, humm... bien...» Esta es la respuesta. Cuán reales son las palabras de Ezequiel, «oh casa rebelde». Nuestras rebeldías tendrán consecuencias. Vea lo que el profeta Daniel nos dice:

Y él ha cumplido la palabra que habló contra nosotros ... Conforme está escrito en la ley de Moisés, todo este mal vino sobre nosotros; y no hemos implorado el favor de Jehová nuestro Dios, para convertirnos de nuestras maldades ... porque justo es Jehová nuestro Dios en todas sus obras que ha hecho, porque no obedecimos a su voz (Daniel 9.12-14).

Dios cumplirá, sea para bien o para mal, lo que prometió. Si obedecemos y confiamos en su Palabra, Él cumplirá lo que dijo para bien. Pero, si desobedecemos su Palabra, Él cumplirá lo que dijo para traernos juicio y destrucción. ¡La elección es suya! Si despreciamos su Palabra, Él nos despreciará. «Por cuanto tuvo en poco la palabra de Jehová, y menospreció su mandamiento, enteramente será cortada esa persona; su iniquidad caerá sobre ella» (Números 15.31).

Algunos concilios y denominaciones evangélicas pentecostales, en lugar de confiar y predicar la Palabra como ella es, invalidan el contenido real y eficaz de la Palabra de Dios por mandatos de hombres y preceptos que sus fundadores establecieron. Muchos de estos preceptos están contra el mover del Espíritu, lo que nos hace recordar la advertencia de Jesús:

Este pueblo de labios me honra, mas su corazón está lejos de mí. Pues en vano me honran, enseñando como doctrinas mandamientos de hombres. Porque dejando el mandamiento de Dios, os aferráis a la tradición de los hombres: Invalidáis el mandamiento de Dios para guardar vuestra tradición ... invalidando la palabra de Dios con vuestra tradición que habéis transmitido. Y muchas cosas hacéis semejantes a estas (Marcos 7.6-9,13).

El medio pentecostal sufrió innumerables prohibiciones farisaicas y absurdas que no poseen ninguna eficacia contra los deseos carnales. Nuestro énfasis debe ser siempre la Palabra de Dios, depositando nuestra confianza en ella para vencer la lucha espiritual que tenemos contra el reino de las tinieblas. El apóstol Pablo nos habla de estas ridiculeces legalistas de los preceptos de hombres cuando afirma en su carta a los colosenses:

¿Por qué, como si vivieseis en el mundo, os sometéis a preceptos tales como: No manejes, ni gustes, ni aun toques (en conformidad a mandamientos y doctrinas de hombres), cosas que todas se destruyen con el uso? Tales cosas tienen a la verdad cierta reputación de sabiduría en culto voluntario, en humildad y en duro trato del cuerpo; pero no tienen valor alguno contra los apetitos de la carne (Colosenses 2.20-23).

Por esa razón, muchas iglesias en nuestros días han dañado la vida de sus miembros; porque, en lugar de que los pastores prediquen la Palabra de Dios, predican insultos, ofensas a aquellos que no están de acuerdo con «sus ideas» o mensajes «doctrinarios». En lugar de ganar almas para Cristo, las tiran al infierno al anular la misericordia y el amor de Dios, llevando muerte espiritual a sus oyentes. Bien decía Pablo en su carta a los romanos: «No que la palabra de Dios haya fallado» (Romanos 9.6). La Palabra de Dios no falla, es el predicador quien, al exponer sus «doctrinas absurdas y personales», ahuyenta a las personas por la dureza de sus palabras.

Pablo nos dice, en su segunda carta a los corintios, que «las armas de nuestra milicia no son carnales, sino poderosas en Dios para la destrucción de fortalezas» (2 Corintios 10.4). No podemos utilizar las armas de la «carne» para destruir y vencer la carne, sino las del Espíritu. Tenemos que confiar en la Palabra y no en algo sin base bíblica. Al predicar o al oír la Palabra como ella es, tendremos resultados extraordinarios y temeremos al Señor: «Oíd palabra de Jehová, vosotros los que tembláis a su palabra» (Isaías 66.5). ¿Tiembla usted ante su Palabra? Existen aquellos que piensan que son inteligentes al rechazar las palabras de Dios en las Escrituras. Lo que ellos no saben es que están juntando condenación para sí mismos. «Los sabios se avergonzaron, se espantaron y fueron consternados; he aquí que aborrecieron la palabra de Jehová; ¿y qué sabiduría tienen?» (Jeremías 8.9). La sabiduría reside en confiar, amar y temer al Señor y su Palabra. Porque confiamos en la Palabra de Dios, el mundo y algunos impíos nos ridiculizan hasta el punto de decir como los arrogantes de los días de Jeremías: «He aquí que ellos me dicen: ¿Dónde está la palabra de Jehová? ¡Que se cumpla ahora!» (Jeremías 17.15). Pero llegará el día en que correrán hacia las iglesias, porque sus problemas, sus enfermedades, aflicciones y necesidades serán tan grandes que solamente Dios podrá ayudarlos.

Que Dios nos ayude a entender que el secreto de la victoria es la confianza en la Palabra de Dios y no en nosotros mismos o en nuestra propia capacidad. Cuando en 1985 estuve en los países comunistas europeos, viajé en tren, pues era más seguro cruzar las fronteras viajando de esa forma, además de ser más barato. Cuando el ferrocarril llegó a la estación de Sofía en la capital de Bulgaria, un joven procedente de Rumania se sentó a mi lado. Sacó un libro de su bolso de mano y comenzó a leerlo. Volteé para ver el título que en letras rojas decía: *«The Socialist World»* [El mundo socialista]. Después de un tiempo de estar sujetando mi Biblia en la mano, le pregunté: «¿Qué está leyendo?» Y el joven respondió: «Estoy leyendo acerca de "nuestro" mundo socialista». Nos presentamos mutuamente y comenzamos a conversar. Él era de Yugoslavia. Cuando supo que yo era brasileño, rápidamente preguntó sobre la Selección Brasileña y el fútbol, pues su país, en ese entonces, estaba disputando las eliminatorias para la Copa del Mundo, que se realizó al año siguiente en México. Después de una larga conversación sobre variados asuntos, percibí que se había abierto una gran puerta, simplemente porque yo era brasileño y, según sus palabras, Brasil es la «tierra del fútbol». A esta altura, percibí que ya era el momento de introducir el evangelio y, sin vacilar, le dije:

—Este libro que tienes en tus manos, ¿te trajo paz?

Entonces, él abrió su corazón diciéndome:

—Soy profesor de socialismo y enseño el leninismo y el marxismo en la Universidad de Belgrado y tengo un vacío en mi corazón que hasta hoy nadie pudo llenarlo, ni el socialismo.

Debido a su respuesta sincera y honesta le dije:

—Yo soy predicador del evangelio y voy a presentarte a la única persona que puede sacar este vacío y llenar tu corazón de amor y paz. Su nombre es Jesucristo.

Entonces él exclamó:

—Por eso lo vi con la Biblia en la mano... Usted no puede hablar de Cristo dentro de este tren; está lleno de soldados y está en un país comunista [Bulgaria].

Yo le respondí:

—No hay problema, no les tengo miedo a ellos, y no pasará nada. Tú eres más importante que ellos en este momento.

Después de treinta o cuarenta y cinco minutos, reconociendo que el comunismo no era la respuesta ni tampoco la verdad, aquel joven, con lágrimas en sus ojos, al oír el evangelio simple de Cristo por primera vez en su vida, abrió completamente su corazón confiando en la Palabra de Dios y entregando su alma a Cristo. Enseguida, repitió la oración del pecador con mi brazo sobre su hombro y, allí mismo, en el asiento del tren, él nació de nuevo en una tarde de julio de 1985.

El Señor destruyó en la mente de aquel joven toda mentira con relación al socialismo. Como nos dice Pablo:

Derribando argumentos y toda altivez que se levanta contra el conocimiento de Dios, y llevando cautivo todo pensamiento [ideas, filosofías, doctrinas y sistemas] a la obediencia a Cristo (2 Corintios 10.5).

Este es el resultado cuando confiamos en la Palabra. Si usted confía en la Palabra, ella transformará su vida, arrancará el vacío de su interior, disipará sus dudas e incredulidad, sacará el miedo de su corazón y le ayudará a enfrentar sus problemas. Ella lo guiará a toda la verdad, librándolo de falsas doctrinas, sectas y religiones engañosas, de los sistemas y de las falsas filosofías. Lo apartará de las ideas contrarias a las Escrituras, llevándole paz y tranquilidad a su alma, asegurándole la vida eterna con el Señor Jesucristo. ¡Este es el poder de la Palabra de Dios!

4- La enseñanza de la Palabra de Dios es un mandato para nosotros

El Señor Jesús nos encarga que recibamos la enseñanza de su Palabra correctamente. Vea lo que el apóstol Pablo recomienda a su hijo en la fe, Timoteo:

Pero tú has seguido mi doctrina ... Pero persiste tú en lo que has aprendido y te persuadiste, sabiendo de quién has aprendido (2 Timoteo 3.10,14).

Todos nosotros hemos aprendido la Palabra a través de alguien: «Porque yo recibí del Señor lo que también os he enseñado» (1 Corintios 11.23). Desde el momento en que aprendemos la Palabra de Dios por medio de alguien, como los corintios aprendieron por medio de Pablo, podemos enseñarles a los miembros de nuestra familia y a otros también. Primero aprendemos los principios de las Escrituras, y luego los enseñamos y compartimos con otros.

Como padres, debemos enseñar correctamente a nuestros hijos. La palabra nos enseña:

> El día que estuviste delante de Jehová tu Dios en Horeb, cuando Jehová me dijo: Reúneme el pueblo, para que yo les haga oír mis palabras, las cuales aprenderán, para temerme todos los días que vivieren sobre la tierra, y las enseñarán a sus hijos (Deuteronomio 4.10).

Si tenemos fe y temor de Dios en nuestro corazón, eso transmitiremos a nuestros hijos; y, si tenemos conocimiento de la Palabra, también lo transmitiremos a nuestros hijos. El libro de Deuteronomio nos habla con relación a la enseñanza de las Escrituras: «Y las enseñaréis a vuestros hijos, hablando de ellas» (Deuteronomio 11.19). Yo estoy invirtiendo en la vida de Kathryn y Junior. Y estoy seguro que el día de mañana servirán al Señor en gran manera. Ellos heredarán mis experiencias y la sabiduría que he adquirido a lo largo de estos años. Heredarán también las experiencias de Dámaris y la sabiduría que ella recibió de sus padres y de los testimonios adquiridos en Cuba, durante su infancia, donde su padre fue pastor. Junior heredará los contactos y amistades que tengo con los pastores en todos los continentes, y su ministerio crecerá y será todavía mayor de lo que somos hoy. Cuando Dios lo use en la Palabra, él tendrá las puertas abiertas en todo el mundo; todo lo que él necesita hacer es ser fiel a lo que ha recibido gratuitamente. Lo que mis hijos han recibido es fruto de mucho trabajo, luchas, cansancio y perseverancia. Padres, enseñen la Palabra de Dios a sus hijos y vuelvan al altar familiar.

Oíd, hijos, la enseñanza de un padre, y estad atentos, para que conozcáis cordura. Porque os doy buena enseñanza; no desamparéis mi ley (Proverbios 4.1-2).

Enseñar en las ciudades

No solamente nuestra familia debe ser el objetivo de la enseñanza de las Escrituras, sino también nuestras ciudades. «Y enseñaron en Judá, teniendo consigo el libro de la ley de Jehová, y recorrieron todas las ciudades de Judá enseñando al pueblo» (2 Crónicas 17.9).

La Biblia dice que el rey Josafat, hijo del rey Asa, ordenó a sus príncipes que fueran y enseñaran las palabras del Señor al pueblo. Las grandes metrópolis y capitales necesitan oír la Palabra de Dios. Por esta razón es que realizamos cruzadas evangelísticas alrededor del mundo en los grandes centros y a multitudes; porque el evangelismo en masa es muy importante y necesario. En cada cruzada, dejamos como fruto miles de convertidos, y las iglesias crecen y prosperan bajo la dirección y en la fuerza del Espíritu Santo.

Los líderes deben recibir la enseñanza de las Escrituras e instruir a otros. Lea lo que nos enseña el libro de Nehemías:

Al día siguiente se reunieron los cabezas de las familias de todo el pueblo, sacerdotes y levitas, a Esdras el escriba, para entender las palabras de la ley (Nehemías 8.13).

Nosotros somos los actuales sacerdotes de nuestra familia y responsables hoy por el crecimiento espiritual de ella. Somos el liderazgo junto con otros líderes extraordinarios y capacitados por Dios para enseñar las palabras de las Escrituras. Pablo dijo a Timoteo: «Lo que has oído de mí ante muchos testigos, esto encarga a hombres fieles que sean idóneos para enseñar también a otros» (2 Timoteo 2.2). Tenemos que aprender con el ejemplo de los hombres de fe y, al mismo tiempo, enseñar con nuestro ejemplo, actitudes, integridad y rectitud en nuestra vida personal y ministerial.

Enseñar a la iglesia

Debemos enseñar a la iglesia. Los líderes son responsables de adiestrarla e instruirla en la enseñanza de la Palabra de Dios.

Y él mismo constituyó a unos, apóstoles; a otros, profetas; a otros, evangelistas; a otros, pastores y maestros, a fin de perfeccionar a los santos para la obra del ministerio, para la edificación del cuerpo de Cristo, hasta que todos lleguemos a la unidad de la fe y del conocimiento del Hijo de Dios, a un varón perfecto, a la medida de la estatura de la plenitud de Cristo; para que ya no seamos niños fluctuantes, llevados por doquiera de todo viento de doctrina, por estratagema de hombres que para engañar emplean con astucia las artimañas del error, sino que siguiendo la verdad en amor, crezcamos [aprendiendo a través de la enseñanza] en todo en aquel que es la cabeza, esto es, Cristo, de quien todo el cuerpo, bien concertado y unido entre sí por todas las coyunturas que se ayudan mutuamente, según la actividad propia de cada miembro [todos los ministerios enseñando en su respectivo campo], recibe su crecimiento para ir edificándose en amor (Efesios 4.11-16).

Nosotros somos responsables de enseñar a la Iglesia de Cristo los principios de la Palabra con simpleza y poder del Espíritu Santo. De esta manera, haremos una Iglesia sólida, madura, capaz de resistir los atraques del enemigo y quedar en pie en medio de la batalla espiritual y vencer. Realmente, la palabra del profeta Isaías ya se ha cumplido: «Y vendrán muchos pueblos, y dirán: Venid, y subamos al monte de Jehová, a la casa del Dios de Jacob; y nos enseñará sus caminos, y caminaremos por sus sendas. Porque de Sion saldrá la ley, y de Jerusalén la palabra de Jehová» (Isaías 2.3). La Iglesia se formó en el día de Pentecostés en Jerusalén. Desde entonces, ella ha llevado la Palabra del Señor a muchos pueblos y naciones. De Sion salió la Palabra de salvación, pues la Biblia declara las palabras de Jesús en el Evangelio de Juan: «La salvación viene de los judíos» (Juan 4.22).

Debemos, entonces, aprender la Palabra primero, después enseñarla a nuestros hijos y a nuestras ciudades y, como líderes, aprender unos con otros. Es nuestro deber también enseñar a otros líderes y llevar la enseñanza a las iglesias para que puedan madurar y afirmarse en la Palabra de Dios.

Quiero concluir este capítulo contándoles una experiencia. Cuando estuve en Estambul, Turquía, en el año 1986, visité la Mezquita Azul. Para regresar al hotel donde me alojaba tomé un ómnibus y me senté al lado de un joven. Por primera vez, alguien fue más rápido que yo en el abordaje personal.

—¿Es usted extranjero, no es así? —me preguntó.

Respondí afirmativamente. Entonces, fijando sus ojos en mí, me dijo:

—Yo quiero invitarle a convertirse al islamismo. ¿Le gustaría ser musulmán?

Quedé asombrado. Este joven, pensé, es demasiado bueno. Soy yo quien debe ganar a este compañero para Cristo... Entonces, lo miré y le dije:

—Pues a mí me gustaría invitarlo a convertirse a Cristo...

Él, sonriendo, volvió a decirme:

—¿Trataremos de convertirnos uno al otro?

—De acuerdo —respondí. Primero, hablará usted sobre el islamismo, y, luego, hablaré yo sobre Cristo.

Comenzó diciéndome:

—El Corán es la verdadera palabra de Dios. El profeta Mahoma es el verdadero profeta de Dios y no Jesucristo. Él fue un gran hombre y un gran profeta, pero no es Dios, porque Dios no podría haber muerto en la cruz.

Hasta me habló de los cinco pilares de la fe islámica, etc. Cuando terminó y vio que no había dado resultado, dijo:

—Terminé. Puede hablar usted ahora.

Comencé diciendo:

—¿Usted no sabía que el Corán fue escrito seiscientos años después de la Biblia y que su libro «verdadero» posee centenas de versículos de mi Biblia? Yo recibí la Palabra antes que usted recibiera su original. Si la Biblia vino antes del Corán y, además, contiene muchos versículos de mi Biblia, esto quiere decir que usted necesita de mí, y no yo de usted.

—¡Nunca escuché esto! —me respondió asustado.

—Bien —le dije—, escuche entonces. Usted dice que Jesucristo fue perfecto, pero no era Dios. Lo que no entiende es que para ser perfecto tiene que ser Dios porque solamente Dios es perfecto; es ahí donde está errando. La cruz para usted es un escándalo. Pero ahí está equivocado porque la cruz es locura y escándalo para los que se pierden, pero para nosotros es el poder de Dios. Y para terminar le haré tres preguntas. Si me responde satisfactoriamente, yo me convertiré al islamismo aquí y ahora y hasta cambiaré mi nombre por Mohamed Alí.

—¡Entonces hágalas! —me dijo.

—Primero, quiero que Mahoma y Alá puedan perdonar mis pecados.

—¡Pecado! No existe el pecado

—Oh, su dios no sirve porque Jesucristo perdonó mis pecados. Segundo, quiero que el profeta Mahoma y Alá puedan darme el poder del Espíritu Santo.

—¡Espíritu Santo! ¡Nunca oí de un Espíritu Santo! —respondió atónito.

—Oh, su dios no sirve —respondí— porque yo recibí al Espíritu Santo, y Él puede darme poder para que yo viva una vida recta y de santidad. Y, tercero, quiero que Mahoma y Alá puedan darme vida eterna.

El joven gritó mirando a la ventana, agitando sus manos y diciendo:

—¿Vida eterna? Nadie puede dar vida eterna.

—Oh, su dios realmente no sirve para nada —afirmé. Él no puede perdonar pecados, no puede darme el poder del Espíritu Santo y no puede darme la vida eterna. ¿Qué dios es este entonces?

Quedó quieto, absolutamente absorto. Después, mirándome y casi a punto de bajar del ómnibus, me dijo:

—No tengo nada más que decir.

—¡Pero yo sí! —le dije. ¿Sabía que el profeta Mahoma tuvo la oportunidad de conocer a Jesús pero la rechazó? ¿Y que Mahoma, al final de su vida, dijo: «¡Yo todavía no he encontrado la verdad!»? En cambio, Jesucristo dijo: «Yo soy el camino, y la verdad, y la vida».

(A esta altura, el joven estaba casi levantado del asiento para irse.) Y para terminar le dije:

—Porque, si yo fuera con usted a la Meca, en Arabia Saudita, allá estarán los huesos del profeta Mahoma porque los guardias han custodiado su tumba de día y de noche, ¿no es así?

—Oh no —respondió él. Mahoma subió a los cielos.

—Oh no —dije yo. Él está en la Meca porque si él no estuviera allí no habría razón para que los guardias la cuiden ¿no es así?

El joven hizo silencio, y, percibiendo que ya estaba poniéndose impaciente, concluí el asunto diciendo:

—La diferencia entre usted y yo es esta: Si yo voy con usted a la Meca, allá están los huesos del profeta Mahoma, pero si usted viene conmigo a Israel, a la ciudad de Jerusalén, ¡verá que la tumba de Jesús está vacía, y sus huesos no están allí! ¡Porque Él resucitó de los muertos y está vivo!

La reacción del joven fue inmediata:

—¡Yo no creo que se haya levantado de los muertos!

—Oh sí —dije. Él está vivo, y, si usted no cree que Él resucitó, ¿cómo puede decir entonces que Mahoma fue a los cielos?

A partir de este argumento, ya no hubo más respuesta... El joven se levantó y descendió del ómnibus.

La Biblia gana y ganará siempre ante todos los argumentos que quieran levantarse contra ella. Es la poderosa Palabra de Dios. No hay otra igual. No existe ningún «Libro Sagrado» que pueda resistir a la sabiduría de las Escrituras. Ella es única, es una espada de dos filos y corta lo profundo del alma de cualquier criatura. Todos los fundadores de otras sectas y religiones están muertos, pero Jesucristo está vivo. El apóstol Pablo dijo a los hermanos en Corinto:

Cristo murió por nuestros pecados, conforme a las Escrituras; y que fue sepultado, y que resucitó al tercer día, conforme a las Escrituras (1 Corintios 15.3-4).

Él está vivo; esta es nuestra esperanza y fe. Somos diferentes a todos los demás, porque creemos en una verdad histórica y no en un mito. Somos únicos y verdaderos. El mismo Cristo nos dijo en Apocalipsis: «Y el que vivo, y estuve muerto; mas he aquí que vivo por los siglos de los siglos» (Apocalipsis 1.18). ¡Aleluya! ¡A su poderoso nombre sea la gloria!

— 6 —

La Biblia nos exhorta a través de sus palabras

Te encarezco delante de Dios y del Señor Jesucristo, que juzgará a los vivos y a los muertos en su manifestación y en su reino, que prediques la palabra; que instes a tiempo y fuera de tiempo; redarguye, reprende, exhorta con toda paciencia y doctrina (2 Timoteo 4.1-2).

Cuando mi hija Kathryn comenzó en el jardín de infantes, Junior se emocionó tanto al ver a su hermana con una mochila y uniforme de escuela que él, con apenas tres años, quería ir también. Entonces, le explicamos que todavía él no tenía edad suficiente para ser aceptado en la escuela. Pero la explicación no sirvió. Al día siguiente, él se levantó muy temprano solamente para ver a Kathryn salir de casa y entrar conmigo al auto para ir a la escuela. Mientras veía cómo nos alejábamos, Junior se tomaba de la mano de Dámaris con una de sus manitas y, con la otra, saludaba a Kathryn con lágrimas en sus ojos. Entonces, mi esposa y yo buscamos un colegio preescolar para él y encontramos uno cerca de nuestra casa que era evangélico. Fuimos allí y lo matriculamos. Así, él aprendería a leer y escribir y también recibiría diariamente la enseñanza de la Palabra de Dios como acostumbraba, ya que así lo hacíamos con nuestros hijos en el altar familiar. Tendrían que haber visto la alegría de ese niño cuando lo llevamos a comprar su mochila, lápices, cuaderno para dibujar, etc. Tal era su emoción por estudiar que el primer día de clases se levantó a las 5:45 de la mañana, aunque las clases comenzaban a las 8:35. El primer día salió todo bien. No lloró cuando lo dejamos en el aula. Durante aquella semana y las dos siguientes, él estaba «en las nubes». Se acostumbró rápidamente a sus compañeros. Pero, cuando Junior notó que la cosa era obligatoria, que debía levantarse temprano todos los días y aprender a tener responsabilidad, quería dar marcha atrás y desistir, porque, según él, «quería dormir un poquito más...» Su emoción duró poco. Creo que es igual con todos los niños, ¿verdad?

En la escuela él aprendía muchas cosas, entre ellas, la Palabra de Dios, que era enseñada de forma apropiada a los niños. Después de conversar con él acerca de la escuela, cambió de idea y comenzó a ir a clase con mucho entusiasmo. Cada día aprendía un versículo diferente y, junto con Kathy, jugaba en nuestra sala de estar, realizando sus «pequeños cultos». Kathy «cantaba», y él «predicaba»; creo que un minuto o un minuto y medio, porque el «predicador» no predicaba más de dos minutos. Cierto día fui a buscarlo a la escuela, y, al entrar al auto, Junior comenzó a contarme lo que había aprendido durante aquel día. Me preguntó:

—Papá, ¿los ángeles del Señor cuidan de mí? ¿Ellos me protegen?

—Claro que sí, respondí.

Entonces, me dijo:

—¿Cómo es que hoy aprendí que la Biblia dice que el ángel del Señor pasó a la media noche y mató a los niños primogénitos en Egipto?

—Junior, ¿qué pregunta es esta? —indagué. Entonces, le di una pequeña explicación sobre los ángeles y la manera cómo actúan. Hay ángeles para la guerra espiritual, otros para destruir ciudades, otros mensajeros, otros traen juicio de parte de Dios, otros son ministros del Señor para varias tareas, otros para servir a Dios, otros para servirnos, ayudarnos y protegernos, etc. Procuré hablar a su nivel para que pudiera entender. Pero parece que no lo convencí mucho con mi «explicación» porque, cuando estábamos casi llegando a casa, me miró y dijo:

—¡Está bien! Yo quiero que los ángeles cuiden de mí todos los días cuando salgo y voy a la escuela, pero no quiero que sean ángeles egipcios... ¿Sí?

¿No es divertido? Junior es tan inteligente como Kathryn. Cada día hace preguntas que usted ni se imagina. ¡Hace unos días ya se quería casar! Niños... qué don de Dios poder ser padres y qué regalo son para nosotros.

Predica la Palabra

Que prediques la palabra; redarguye, reprende, exhorta» (2 Timoteo 4.2).

Cuando el Señor nos exhorta por su Palabra, tenemos una gran oportunidad para crecer espiritualmente. Él siempre lo hará para nuestra edificación y nunca para la destrucción. El hombre, en momentos de ira, puede exhortarnos y criticar de forma destructiva, pero Dios nunca hará tal cosa. Él siempre quiere nuestro bien y siempre nos exhortará de forma adecuada y justa. Vea lo que nos dice el escritor de Hebreos: «Y habéis ya olvidado la exhortación que como a hijos se os dirige, diciendo: Hijo mío, no menosprecies la disciplina del Señor, ni desmayes cuando eres reprendido por él; porque el Señor al que ama, disciplina, y azota a todo el que recibe por hijo. Si soportáis la disciplina, Dios os trata como a hijos; porque ¿qué hijo es aquel a quien el padre no disciplina?» (Hebreos 12.5-7.) Por lo tanto, Dios nos exhorta y amonesta de varias maneras y situaciones diferentes, pero siempre de forma apropiada, trayendo la palabra correcta para cada situación con el fin de edificarnos y darnos la victoria.

1- Las Escrituras nos exhortan a conocer la sabiduría y la instrucción de su Palabra

> En aquel tiempo iba Jesús por los sembrados en un día de reposo; y sus discípulos tuvieron hambre, y comenzaron a arrancar espigas y a comer. Viéndolo los fariseos, le dijeron: He aquí tus discípulos hacen lo que no es lícito hacer en el día de reposo. Pero él les dijo: ¿No habéis leído lo que hizo David, cuando él y los que con él estaban tuvieron hambre? ¿O no habéis leído en la ley?» (Mateo 12.1-3,5).

Jesús preguntó a los críticos fariseos «¿No habéis leído?» La Biblia nos exhorta a leer sus palabras a fin de conocer su sabiduría y sus enseñanzas. Pues la falta de conocimiento de las Escrituras es siempre muy peligrosa. Los fariseos conocían la letra, pero no tenían el entendimiento del Espíritu, por eso, eran incapaces de reconocer quién era el Señor Jesús. Si no leemos las Escrituras, no estaremos en condiciones de conocer a Dios y su sabiduría contenida en sus páginas. En otra ocasión, los fariseos, con la intención de probar a Jesús, preguntaron: «¿Es lícito al hombre repudiar a su mujer por cualquier causa?» Y Él respondió: «¿No habéis leído que el que los hizo al principio» (Mateo 19.3-4). Note que, una vez más, Jesús le pregunta a los fariseos: «¿No habéis leído?» La base de todo conocimiento de las Escrituras es su lectura. Para conocer la sabiduría de Dios, debemos leer y aplicar la Biblia diariamente. Si no leemos, no sabremos lo que ella tiene para decirnos. Cuando un niño asiste a la escuela, lo hace con la intención de aprender a leer y escribir. Igualmente, cuando alguien llega a Cristo, comienza a leer y aprender las Escrituras; sus escritos darán la base y el fundamento para el crecimiento espiritual. ¿Cuánto tiempo lee usted las Escrituras? ¿Le dedica diariamente el lugar que le corresponde?

El Señor Jesús habló del peligro de no conocer las Escrituras: «Entonces respondiendo Jesús, les dijo: Erráis, ignorando las Escrituras y el poder de Dios» (Mateo 22.29). ¡Erráis! ¿Cuántos errores doctrinales, sectas y falsas religiones nacieron por la ignorancia de las Escrituras? ¿Cuántas iglesias evangélicas, pentecostales o no, han caído en errores doctrinarios gravísimos? ¿Cuántas equivocaciones fueron cometidas por los líderes con relación a los miembros de sus iglesias? ¿Cuántos miembros han seguido el engaño de muchas enseñanzas, por la simple razón de no conocer las Escrituras? Usted podrá preguntarse: «¡¿Líderes?!» ¡Sí, líderes! Veamos a dos discípulos en el camino a Emaús: «Entonces él les dijo: ¡Oh insensatos, y tardos de corazón para creer todo lo que los profetas han dicho! ¿No era necesario que el Cristo padeciera estas cosas, y que entrara en su gloria? Y comenzando desde Moisés, y siguiendo por todos los profetas, les declaraba en todas las Escrituras lo que de él decían» (Lucas 24.25-27). Estos dos hombres no conocían las Escrituras. Eran algunos de sus discípulos, pero no conocían lo que las Escrituras decían sobre su resurrección. Por eso, andaban tristes y derrotados. El versículo 32 nos dice: «Y se decían el uno al otro: ¿No ardía nuestro corazón en nosotros, mientras nos hablaba en el camino, y cuando nos abría las Escrituras?» Aquí está el secreto. Jesús abrió el entendimiento de ellos para que conozcan las Escrituras. Pedro y Juan tampoco conocían la Palabra de Dios con relación a la resurrección de Cristo: «Todavía no habían comprendido que, conforme a la Escritura, era necesario que él resucitase de entre los muertos». Los discípulos caminaron con Cristo, estuvieron con él, vieron sus milagros y su poder, fueron discipulados por el Señor durante tres años y medio, pero, igualmente, no llegaron a conocer las escrituras de manera correcta en relación a la resurrección. ¿Qué será entonces de nosotros? No lo hemos visto; solamente creemos en Él y en su poder. ¿Cómo lo conoceremos? A través de las Escrituras.

Una vez, un predicador enfatizaba que «David» oraba tres veces al día. El pastor que estaba sentado en la plataforma pensó que había oído mal y esperó la próxima frase del predicador invitado. Nuevamente dijo: «David oraba tres veces al día...» Y el pastor le dijo en voz baja: «Es Daniel, hermano, es Daniel...» Pero él no lo podía oír por su forma de predicar y por el ruido de la congregación. El joven predicador siguió diciendo que aquellos hombres celosos fueron al rey y formularon una ley para que «David» cayese en la trampa, pero «David» seguía orando tres veces al día... Y entonces tomaron a «David» y lo echaron al foso de los leones y... A esta altura, un hermano se paró y dijo: «No es David, hermano, es Daniel». Pero era demasiado tarde, pues el predicador ya había tirado al pobre David a la cueva de los leones. Entonces se dio cuenta que estaba equivocado y, tratando de arreglar el problema, miró al pastor y después a la congregación y exclamó con los brazos abiertos: «David, sal de ahí, mi rey. Ese es el lugar de Daniel, los leones te comerán, sal de ahí...»

Es divertido, pero al mismo tiempo es triste. Tal vez este predicador haya cambiado a Daniel por David porque los nombres son parecidos. O tal vez realmente estaba convencido de que era David y no Daniel. No sabemos. De cualquier manera, debemos tener cuidado con estas cosas y tener mas conocimiento de las Escrituras, para que esto no suceda. En el discurso en Antioquía de Pisidia, Pablo enfatizó en las profecías para exponer a los judíos el mensaje de salvación a través de la Palabra de Dios. En el libro de los Hechos, el apóstol Pablo declaró: «Varones hermanos, hijos del linaje de Abraham, y los que entre vosotros teméis a Dios, a vosotros es enviada la palabra de esta salvación. Porque los habitantes de Jerusalén y sus gobernantes, no conociendo a Jesús, ni las palabras de los profetas que se leen todos los días de reposo, las cumplieron al condenarle» (Hechos 13.26-27). Pablo, realmente, fue un predicador extraordinario y conocedor de las Escrituras. Él dijo a los judíos que la Palabra había sido enviada a ellos y que el motivo del rechazo a Cristo había sido el hecho de no conocer las Escrituras leídas en sus sinagogas todos los sábados. La letra sin discernimiento es igual a muerte espiritual. La letra con discernimiento es igual a avivamiento y crecimiento espiritual, desenvuelto en el interior de nuestro espíritu, diariamente, a través de la lectura de la Biblia.

Pablo, hablando sobre la situación de los judíos en su segunda carta a los corintios, nos dice: «Y aun hasta el día de hoy, cuando se lee a Moisés, el velo está puesto sobre el corazón de ellos. Pero cuando se conviertan al Señor, el velo se quitará» (2 Corintios 3.15-16). El apóstol insistía en afirmar que, cuando la Ley de Moisés (el Pentateuco, los cinco libros que escribió Moisés, la Tora) es leída, por la ignorancia de las Escrituras con relación a Cristo y por no querer aceptarlo como Mesías, hasta hoy no la comprenden. Pues todos los profetas hablaron respecto a Cristo y su venida al mundo. Como el profeta Isaías, por ejemplo, nos habla en el capítulo 53 de su libro. El propio Cristo declaró que los líderes de su época no lo recibieron porque no conocían las Escrituras. Veamos lo que Jesús nos dice en el

Evangelio de Juan: «Ni tenéis su palabra morando en vosotros; porque a quien él envió, vosotros no creéis. Escudriñad las Escrituras; porque a vosotros os parece que en ellas tenéis la vida eterna; y ellas son las que dan testimonio de mí ... No penséis que yo voy a acusaros delante del Padre; hay quien os acusa, Moisés, en quien tenéis vuestra esperanza. Porque si creyeseis a Moisés, me creeríais a mí, porque de mí escribió él. Pero si no creéis a sus escritos, ¿cómo creeréis a mis palabras?» (Juan 5.38-39,45-47). Jesús dejó claro, tanto a los judíos de sus días como a nosotros hoy, que si la Palabra no permanece en nosotros, no podemos conocerlo. Si de hecho examinamos la Escritura, ella nos conducirá a la vida eterna. Sabremos que ella habló a través de los profetas sobre el Mesías desde Génesis hasta Malaquías y señaló a Jesús como el cumplimiento exacto de lo que fue escrito. Los Evangelios testificaron con respecto a la veracidad de las Escrituras cuando nos muestran que Jesús cumplió lo que había sido escrito. Desde el libro de los Hechos a Apocalipsis, vemos la mención gloriosa de este nombre maravilloso que es Jesucristo.

La Biblia posee las palabras de la sabiduría de todos los tiempos, ahora revelada en la persona de Jesucristo. Ella nos exhorta a conocerlo y hacerlo Señor de nuestra vida. Usted, que está leyendo sobre la salvación mesiánica y todavía no entregó su corazón a Cristo, hágalo ahora mismo. Él le dará vida eterna y escribirá su nombre en el Libro de la Vida, y así pasará la eternidad a su lado. ¿Adónde más podría ir? Ninguna religión le ofrece lo que Cristo puede ofrecer.

Hace un tiempo se realizó un estudio minucioso y sistemático en cierta ciudad, con el fin de descubrir cuánto conocía respecto de las Escrituras un grupo de personas. Muchas iglesias fueron invitadas y llevaron sus representantes, con un total de doscientas veintisiete personas. El grupo se presentó el día señalado, y los profesores formularon diez preguntas muy fáciles extraídas de la Biblia, que fueron las siguientes:

1. ¿Cuántos libros contiene la Biblia? ¿Cuántos libros hay en el Antiguo y en el Nuevo Testamento?

2. ¿Cuándo aconteció la conversión de Pablo? ¿Antes o después de la resurrección de Cristo?

3. ¿Cuál era la nacionalidad de Cristo?

4. ¿Dónde se encuentra la parábola del hijo pródigo? ¿En el Antiguo o Nuevo Testamento?

5. ¿Cuál fue el primer libro de la Biblia que se escribió?

6. ¿Cuándo se escribió el Antiguo Testamento? ¿Antes o después de Cristo?

7. ¿Cuántos Evangelios hay en la Biblia y dónde están? ¿En el Nuevo o en el Antiguo Testamento?

8. Escriba el nombre de un rey de Israel y, si es posible, diga cuánto tiempo reinó.

9. Escriba el nombre de un discípulo de Cristo.

10. ¿Cuántos días después de su muerte resucitó Jesús?

La respuesta del pequeño cuestionario fue la siguiente: De las doscientas veintisiete personas que hicieron la prueba, solamente doce respondieron correctamente las diez preguntas. El resultado de las doscientas quince personas restantes fue el siguiente:

dieciocho de ellas no sabían cuántos libros contiene la Biblia, mucho menos cuántos libros hay en el Antiguo Testamento y en el Nuevo Testamento. Treinta dijeron que la conversión de Pablo ocurrió antes de la resurrección de Cristo. Treinta y un personas no sabían cuál era la nacionalidad de Cristo, cuatro dijeron que era griego y otros cuatro dijeron que era de nacionalidad «nazarena». Treinta y cuatro personas respondieron que la parábola del hijo pródigo estaba en el Antiguo Testamento. Ocho no supieron decir cuál fue el primer libro que se escribió de la Biblia. Veinticinco personas dijeron que el Antiguo Testamento se escribió después de Cristo. Dos no sabían cuántos Evangelios existen, una persona respondió que estaban en el Antiguo Testamento. Treinta y cinco personas no supieron nombrar un rey de Israel y mucho menos cuánto tiempo reinó. A Nabucodonosor y Faraón se les nombraron como reyes de Israel. Veintisiete personas no supieron nombrar un solo discípulo de Cristo. A Elías y Eliseo los identificaron como dos de sus discípulos. Cinco personas no sabían cuántos días después de su muerte Jesús había resucitado.

¡Qué cuadro triste! Esta es la realidad de muchas de nuestras iglesias. Ponemos mucho énfasis en programas y actividades que no edifican al pueblo, y este es el resultado. Estas doscientas veintisiete personas que fueron enviadas por sus iglesias como representantes para tal prueba eran lo «mejor de lo mejor» que ellos poseían. ¡Imagine en qué situación deben estar los demás miembros de esas congregaciones! Realmente es una vergüenza que en el pueblo evangélico y pentecostal existan tales resultados. Que podamos volver a las Escrituras, al conocimiento y a la sabiduría de sus páginas.

2- La Biblia nos exhorta a hablar de su mensaje a través de sus palabras

Somos llamados a entregar el mensaje contenido en las Escrituras. El predicador no debe comprometer su mensaje, sea con el concilio, denominación, supervisor, superintendente o presidente de su organización. Él debe entregar el mensaje (sea cual sea) con osadía, valentía e intrepidez. Recuerde lo que Pablo le dijo a Timoteo: «Predica la palabra ... reprende, amonesta, exhorta». Como ministros, no debemos impresionarnos con los conceptos de los «grandes» en sus denominaciones. En lo personal, nunca me dejé manipular o impresionar con la posición de quien quiera que sea, aunque esté siendo observado al predicar. Si tengo que entregar el mensaje, lo haré siempre con respeto, gentileza y consideración hacia quienes están oyendo. Nunca dejaré de predicar y ser fiel a la verdad, sea dura, cortante y difícil de oír. Porque así es la Palabra de Dios, una espada que corta, penetra y convence.

El profeta que tuviere un sueño, cuente el sueño; y aquel a quien fuere mi palabra, cuente mi palabra verdadera. ¿Qué tiene que ver la paja con el trigo? dice Jehová. ¿No es mi palabra como fuego, dice Jehová, y como martillo que quebranta la piedra? (Jeremías 23.28-29).

Cuando predicamos el mensaje de la Palabra con **verdad**, ella produce resultados increíbles. No estamos aquí para agradar a nadie. No tenemos un llamado de parte de ningún hombre, sino de Dios, y Él es quien nos dio el poder y la unción para anunciar la Palabra. «Pablo, apóstol (no de hombres ni por hombre, sino por Jesucristo y por Dios el Padre que lo resucitó de los muertos)» (Gálatas 1.1).

Pablo está firme con respecto a su posición y llamado al apostolado. No debemos intimidarnos con las apariencias de los «grandes» y «poderosos»; mucho menos buscar sus favores, como otros predicadores lo hacen, para que las puertas del ministerio se les abran. En las cruzadas y convenciones en las que he predicado, percibí cómo muchos predicadores corren en dirección a sus «jefes», siempre con una palmadita en la espalda, a fin de recibir algún tipo de reconocimiento. A veces, encuentro cómicas tales actitudes pero, en la mayoría de las ocasiones, me aflijo profundamente. Y cómo estos «grandes», por su lado, adoran sentarse ante la vista de todos en la plataforma, ocupando los primeros lugares. El propio Señor nos llama la atención ante esta triste realidad:

Antes, hacen todas sus obras para ser vistos por los hombres. Aman las primeras sillas en las sinagogas, y las salutaciones en las plazas, y que los hombres los llamen: Rabí, Rabí [jefes] (Mateo 23.5-7).

Pablo también nos advierte sobre este mismo principio al escribir a los gálatas: «Pues, ¿busco ahora el favor de los hombres, o el de Dios? ¿O trato de agradar a los hombres? Pues si todavía agradara a los hombres, no sería siervo de Cristo» (Gálatas 1.10). La Biblia contiene el mensaje que debemos entregar; nuestra responsabilidad es exponerla con valentía, sin recelo o prejuicios de nuestra parte, sin sentirnos intimidados por alguien que sea «mayor» que nosotros. Recordemos la Palabra del Señor dada al profeta Jeremías: «Y me dijo Jehová: No digas: Soy un niño; porque a todo lo que te envíe irás tú, y dirás todo lo que te mande. No temas delante de ellos, porque contigo estoy para librarte, dice Jehová» (Jeremías 1.7,8).

Muchos líderes, motivados por el miedo o con el objetivo de favorecer a determinados grupos, o por las influencias de sus concilios, han comprometido la verdad que les fue encomendada anunciar. Ya no pueden entregar más la Palabra como es, por estar totalmente comprometidos, por recibir algún tipo de favor. Muchos no pueden predicar más sobre el adulterio, pues temen sufrir algún tipo de represalia de sus «jefes» que cometieron adulterio. Y así, muchos, por la falta de compromiso y fidelidad a la Palabra de Dios, permanecen en sus cargos impunemente.

Tú, pues, ciñe tus lomos, levántate, y háblales todo cuanto te mande; no temas delante de ellos, para que no te haga yo quebrantar delante de ellos. Yo te he puesto en este día ... contra toda esta tierra, contra los reyes de Judá, sus príncipes, sus sacerdotes, y el pueblo de la tierra. Y pelearán contra ti, pero no te vencerán; porque yo estoy contigo, dice Jehová, para librarte (Jeremías 1.17-19).

Dios levantó al profeta Jeremías para predicar la Palabra como ella es. El Señor sabía que los líderes de Israel estaban fuera de su perfecta voluntad y lejos de sus caminos en función de sus intereses personales. Los reyes, príncipes y sacerdotes representan hoy el liderazgo de la Iglesia, aquellos que están investidos de autoridad, aquellos llamados para guiar al pueblo de Dios. Pero, lamentablemente, algunos, motivados por su codicia, beneficiándose de sus «altas» posiciones, dejaron de ser rectos, íntegros y temerosos de Dios. Comenzaron bien pero terminaron muy mal. Otros, por pura conveniencia, se desviaron completamente y adquirieron la doctrina engañosa de la teología de la prosperidad. Pero, gracias a Dios, todavía existen hombres revestidos de poder, líderes fieles, honestos, transparentes, que están guiando al pueblo de Dios con sabiduría, respeto e integridad. Yo conozco los dos lados de la moneda; he visto alrededor del mundo las dos caras del liderazgo y he aprendido mucho con eso.

Palabra que vino de Jehová a Jeremías, diciendo: Oíd las palabras de este pacto, y hablad a todo varón de Judá, y a todo morador de Jerusalén. Y les dirás tú: Así dijo Jehová Dios de Israel: Maldito el varón que no obedeciere las palabras de este pacto (Jeremías 11.1-3).

En el libro del profeta Jeremías, a partir del versículo 18 del capítulo 11, se relata la conspiración que los «líderes» hicieron contra el profeta Jeremías. Y, hasta hoy, existen «líderes» que conspiran contra los verdaderos predicadores de la Palabra de Dios, cerrándoles las puertas, usando palabras falsas y deshonestas contra ellos ante sus colegas, para que estos verdaderos hombres de Dios no tengan la oportunidad de predicar en sus convenciones o eventos. Esto sucede porque no pueden soportar la verdad expuesta por los genuinos predicadores del evangelio; porque, simplemente, temen ser descubiertos en sus malicias y destituidos de sus cargos o posiciones. Así es que muchos se promueven a sí mismos, usando una causa santa. Observe lo que Dios nos dice mediante el profeta: «Les hablarás, pues, mis palabras, escuchen o dejen de escuchar; porque son muy rebeldes» (Ezequiel 2.7).

Somos llamados a proclamar la verdad. Si no quieren oír, lo sentimos mucho, pero no cambiaremos nuestro estilo de predicar y nuestras convicciones solamente porque ellos quieren. Una convicción no se vende para recibir beneficios, no se cambia por favores o para recibir invitaciones. Jamás podremos negociar la verdad para alcanzar «grandes cargos». La convicción de un creyente o predicador de la Palabra es una de las armas más poderosas que posee. Querido hermano, sea fiel a su llamado. Dios no nos dio un espíritu de temor, sino de valor. ¡Glorifique a Cristo por medio de la predicación de la Palabra!

Nuestro llamado es de parte de Dios y de su Espíritu. «Hijo de hombre, yo te he puesto por atalaya a la casa de Israel; **oirás**, pues, tú **la palabra de mi boca,** y los amonestarás de mi parte» (Ezequiel 3.17). Él es quien nos llama, capacita, envía, suple y respalda. ¡Es Dios! Los dones son de Dios, el poder es de Dios, nuestra vida es de Dios; nada es nuestro.

Mas un ángel del Señor, abriendo de noche las puertas de la cárcel y sacándolos, dijo: Id, y puestos en pie en el templo, anunciad al pueblo **todas las palabras de esta vida** (Hechos 5.19-20).

Nosotros tenemos el libro, ahora tenemos que entregar el mensaje «completo» de la vida de Cristo Jesús. La Biblia nos exhorta a anunciar su mensaje a través de la Palabra. Qué privilegio es ser llamado a predicar su bendita Palabra. Pablo, aconsejando a Tito, lo exhorta a que predique el mensaje de la cruz tal cual es: «Esto habla, y exhorta y reprende con toda autoridad. Nadie te menosprecie» (Tito 2.15). No hay nada más lindo que ver las almas en el altar, después de oír el llamado, salvas, alegres, llenas de gozo y contentamiento por haber aceptado a Cristo. Pablo aconseja a Timoteo: «Procura con diligencia presentarte a Dios aprobado, como obrero que no tiene de qué avergonzarse, que usa bien la palabra de verdad» (2 Timoteo 2.15).

En el mensaje que prediqué a los pastores en la ciudad de Kristiansand, Noruega, en agosto de 1998, dije: «Para nosotros, ministros de Dios, no hay nada más extraordinario que oír a otro predicador dar su sermón siguiendo una línea de pensamiento **en su introducción, cuerpo y conclusión.** Que sea un predicador genuino, íntegro, sabio, poderoso en el conocimiento de las Escrituras. Que sea instruido en la homilética y hermenéutica, que tenga autoridad y poder y, por sobre todo, humildad en reconocer que su ministerio pertenece a Dios y que el Señor lo usa no por su habilidad en la oratoria o por sus estudios teológicos...»

Cierta vez, una mujer muy sabia dio un consejo a su esposo, ministro y predicador del evangelio: «Cuando subas al púlpito, colócate para que todos puedan verte, predica el mensaje con poder y autoridad para que todos te respeten y habla poco, para que todos te quieran...» En el libro de los Hechos, los predicadores de la iglesia primitiva oraron en el momento de persecución: «Y ahora, Señor, mira sus amenazas, y concede a tus siervos que **con todo denuedo hablen** tu palabra, mientras extiendes tu mano para que se hagan sanidades y señales y prodigios mediante el nombre de tu santo Hijo Jesús. Cuando hubieron orado, el lugar en que estaban congregados tembló; y todos fueron llenos del Espíritu Santo, y hablaban con denuedo la palabra de Dios» (Hechos 4.29-31). Como el ejemplo de los hermanos primitivos, debemos predicar con osadía, valentía e intrepidez. Es así que debemos anunciar el maravilloso mensaje de Dios, conscientes de que «si Dios es por nosotros, ¿quién contra nosotros?» (Romanos 8.31).

En 1993, Dios nos mostró a Dámaris y a mí el motivo por el que Kathryn y Junior estaban enfermos. Él nos abrió el entendimiento para exponer al mundo entero los males contenidos en los vídeos de Disney. Las películas están llenas de mensajes pornográficos subliminales, de brujería, espiritismo, astrología, violencia; conteniendo también personajes afeminados, inmoralidades que van en contra de los valores familiares, promoción de la Nueva Era, mensaje sutil de satanismo, inspirando a los niños a desobedecer a sus padres y muchas otras cosas que no tenemos espacio para tratar en este libro (si el lector desea saber más sobre las influencias de Disney, puede adquirir los vídeos de nuestro Ministerio, en los que trato el tema más específicamente). En esa ocasión, estábamos consciente que Dios nos había llamado para predicar contra esto. Él nos dio osadía, valentía y una intrepidez increíble. Predicamos sin ningún temor y sin miedo de nadie, porque lo que decimos podemos probarlo a través de muchas evidencias. Miles y miles de familias y niños en todo el mundo han sido salvas, restauradas y completamente curadas de toda influencia maligna de Disney y sus productos. Nosotros hemos recibido centenas y decenas de cartas, llamadas telefónicas, correos electrónicos, telefax y cantidad de agradecimientos de personas y familias enteras que ahora entienden el por qué de la violencia y del comportamiento de sus hijos y que, después de oír y obedecer la Palabra de Dios, fueron transformados. La Palabra que Dios nos dio cuando nos reveló este tema está registrada en el libro de Deuteronomio: «No traerás cosa abominable a tu casa, para que no seas anatema; del todo la aborrecerás y la abominarás, porque es anatema» (Deuteronomio 7.26).

Es claro que muchas personas se estén oponiendo a lo que dijimos sobre Disney, pero con todo respeto, yo diría que sus entendimientos están cerrados, bloqueados a la acción del Espíritu de Dios. Morimos si no tenemos aire para respirar, y, de la misma manera, sin discernimiento del Espíritu estamos muertos espiritualmente. Tales personas no poseen madurez ni discernimiento para ver más allá de lo que sus ojos físicos llegan a ver. Sí, hemos recibido muchas críticas de muchos pastores y muchas iglesias cuando hablamos sobre Disney. Si no tuviésemos críticas, entonces, no sería de Dios. Porque, si critican a nuestro Señor, ¿qué será de nosotros? Pero, gracias a Dios, ellos son una «minoría», porque donde hemos ido, por todo el mundo, miles y miles de personas han testificado respecto del beneficio de nuestro mensaje, disfrutando ahora de paz, armonía y gozo en sus hogares. Muchos nos critican movidos por la envidia de la unción y autoridad que Dios nos ha dado. Nos contradicen sobre lo que decimos respecto a Disney porque no poseen la valentía y la osadía que Dios, por su Espíritu, nos ha dado. Así, muy cobardemente, a nuestras espaldas, «blasfeman» contra nuestro ministerio, llevando condenación para sí mismos y sus familias, como el propio Jesús dijo:

> Mas yo os digo que de toda palabra ociosa que hablen los hombres, de ella darán cuenta en el día del juicio. Porque por tus palabras serás justificado, y por tus palabras serás condenado (Mateo 12.36-37).

¡Que Dios tenga misericordia de nosotros!

3- La Biblia nos exhorta a considerar puras sus palabras

Abraham Lincoln dijo en cierta ocasión: «El mayor regalo que Dios dio al hombre fue la Biblia y la pureza de sus palabras».

> Las palabras de Jehová son palabras limpias, como plata refinada en horno de tierra, purificada siete veces (Salmos 12.6).

Si Dios es puro y santo, y las Escrituras son de su autoría, las palabras de este Libro son igualmente puras y santas. Cierto día, Dámaris y yo sentimos que sería importante conversar con Kathryn respecto a algunos cambios que acontecerían en su adolescencia a medida que ella fuese creciendo. Ella nos miraba con la pureza propia de una niña de apenas nueve años de edad. Sosteniendo su muñequita sobre sus piernas, dándole el biberón a su «hijita», nos miraba y oía muy atentamente. Pude entonces percibir cuán preciosa ha sido la ministración de la Palabra en la vida de Kathryn. Ella transmite en la mirada toda la inocencia y santidad que hay en su corazón. Mirándola, con un nudo en la garganta, casi llorando dije: «Kathy, cuán inocente eres, mi querida hija...» Ella me dijo: «Claro papá, no he cometido ningún crimen». ¿No es tremendo cuando enseñamos a nuestros hijos la Palabra de Dios, y esta trabaja en su corazón, tornándolos santos en sus actitudes, gestos, palabras y acciones?

Acrisolada la palabra de Jehová (Salmos 18.30).

En el siglo XIX, hubo un grupo de cristianos que, por su ética e integridad, marcó profundamente la época, promoviendo grandes avivamientos en muchas ciudades. Los puritanos, vistos por algunos como un grupo sectario presbiteriano que interpretaba las Escrituras con seriedad y rigor, vivían en santidad y rectitud delante de Dios. Sus pastores desenvolvían sus ministerios de forma transparente e irreprensible. Jonathan Edwards, el gran predicador puritano y avivalista de Nueva Inglaterra, dijo cierta vez: «Un hombre santo es una arma poderosa en las manos de Dios». Los hombres más usados por Dios en el pasado, y los que son usados hoy, son hombres santos en su vida personal y en sus ministerios. Si somos llamados a predicar la Palabra de Dios que es pura, también debemos ser puros, porque somos los portadores de la Palabra. En 1875, un amigo de D. L. Moody le dijo: «Moody, Dios está buscando un hombre. Apenas uno. Alguien que sea santo y completamente consagrado a Él. Entonces, Dios cambiará al mundo a través de su vida». Y Moody respondió: «¡Yo seré ese hombre!» Aquí está el secreto. La santidad revela el carácter de Dios en nosotros. Si realmente queremos un avivamiento tenemos que volver a los principios morales de estos hombres del pasado. De la misma manera que Dios usó a estos grandes hombres, puede usarnos hoy. Dios es el mismo; somos nosotros los que cambiamos. Cierta vez, John Wesley declaró: «Entrégame cien predicadores que no teman a nadie, sino solamente a Dios, que sean santos y rechacen el pecado, y que no deseen nada, sino solamente a Dios, y ellos cambiarán al mundo para Cristo». Este es el camino. La Palabra purifica nuestra vida tornándonos en hombres y mujeres aptos para servir a Dios.

Los mandamientos de Jehová son rectos, que alegran el corazón; el precepto de Jehová es puro, que alumbra los ojos (Salmos 19.8).

Si queremos tener discernimiento y nuestros «ojos espirituales» iluminados, debemos guardar los preceptos y mandamientos de la Palabra de Dios en nuestro corazón. Después de adulterar con Betsabé y ser buscado por el profeta Natán, David exclamó: «Para que seas reconocido justo en tu palabra, y tenido por puro en tu juicio» (Salmos 51.4). Las palabras de Dios son justas y puras, en ellas no hay nada impuro o contaminado. «Tus promesas fueron completamente probadas, por eso tu siervo las ama». Otra traducción dice: «Sumamente pura es tu palabra» (Salmos 119.140). Otra versión dice: «Purificadas son tus palabras». Las puras y rectas palabras de las Escrituras nos tornaron santos y perfectamente habilitados para servir a Dios. El apóstol Pablo, escribiendo a los hermanos de Éfeso, nos enseña que Cristo demuestra su amor por la Iglesia purificándola con su Palabra: «Así como Cristo amó a la iglesia, y se entregó a sí mismo por ella, para santificarla, habiéndola purificado en el lavamiento del agua por la palabra» (Efesios 5.25-26).

4- La Biblia nos exhorta a tener como perfecta sus palabras

La ley de Jehová es perfecta, que convierte el alma; el testimonio de Jehová es fiel, que hace sabio al sencillo (Salmos 19.7).

La Palabra es perfecta, y sus mandamientos también. La calidad de la Palabra está íntimamente ligada al carácter de Dios; completamente exenta de errores. Su temor y contenido son eminentemente espirituales. Es la expresión más alta y sublime de la ética y de la perfección. La Palabra reúne todas las cualidades concebibles, alcanzando el grado más alto en una escala de valores. La Palabra es excelente y dada a los hombres de la mejor forma imaginable. Dios es su gran autor. Desde los diez mandamientos escritos en las tablas de la ley y entregadas a Moisés, hasta las Epístolas de los Apóstoles, toda la Escritura fue inspirada y revelada por Dios, y, siendo Dios perfecto, perfectas son también sus palabras. «De manera que la ley a la verdad es santa, y el mandamiento santo, justo y bueno» (Romanos 7.12).

La santidad, la perfección y la justicia de la Palabra son frutos del carácter de un Dios santo, perfecto y justo. El libro de Salmos declara también que: «En cuanto a Dios, perfecto es su camino» (Salmos 18.30). ¿Y cómo es que Él nos enseña su camino? Por su perfecta Palabra.

Entonces tus oídos oirán a tus espaldas **palabra** que diga: Este es el camino, andad por él; y no echéis a la mano derecha, ni tampoco torzáis a la mano izquierda (Isaías 30.21).

Este es el camino. Isaías, cuando profetizó acerca de que Juan el Bautista prepararía el camino para la venida del santo y perfecto Hijo de Dios, dijo: «Voz que clama en el desierto: Preparad camino a Jehová; enderezad calzada en la soledad a nuestro Dios» (Isaías 40.3). Jesús fue santo y perfecto. Y Él siempre autenticó la veracidad de las Escrituras, refiriéndose a los dichos de los profetas como Palabra de Dios. Él mismo es el cumplimiento de la Palabra.

El Salmo 119 es la expresión clásica de la Palabra en todos los sentidos. Al meditar en las palabras de esos 176 versículos, vemos lo que la Palabra de Dios realmente es. Él nunca fallará. El error siempre está en nosotros. Dios nunca se equivoca. Él es perfecto. Somos nosotros quienes fallamos. A veces, vivimos una vida de derrotas por la simple razón de no conocer las promesas de su Palabra, y nos tomamos las derrotas como voluntad de Dios para nosotros.

Cierta vez, un hombre compró un pasaje para viajar en un barco muy espacioso y confortable. Su dinero solamente alcanzó para el boleto, y no pudo reservar dinero extra para alimentarse durante el viaje. Llevó consigo algunos sándwiches que alcanzarían apenas para un día de viaje. El segundo día, ya no tenía comida y permaneció sin alimentarse por tres días. Él miraba, al pasear por el barco, a las personas entrando y saliendo del restaurante. Al aproximarse a la puerta, con una hambre terrible, deseaba comer las sobras que los otros dejaban o hacer algún trabajo a cambio de algún alimento. De repente, salió por la puerta del restaurante un joven vestido de mozo, y el hombre hambriento, desesperado, se aproximó y dijo:

—Mi querido, ¡por favor, escúcheme! Tengo una hambre enorme y ya hace algunos días que no me alimento. Hago lo que mande, mientras que tenga algo para comer.

El joven, sorprendido con las palabras del hombre, le preguntó:

—¿Dónde está su pasaje?

Inmediatamente, el hombre sacó del bolsillo su pasaje y, mostrándoselo al mozo, dijo:

—¡Está aquí!

El joven, entonces, admirado por lo que estaba aconteciendo, le dijo al hombre:

—Usted no ha comido por ignorancia.

—¿Cómo? —preguntó el hombre.

El joven le dijo:

—Aquí esta escrito que el portador de este billete tiene el **derecho** de hacer uso de todas las comodidades que ofrece el barco, o sea, las salas de juegos, el cine, el club, el restaurante, etc. Y mirando al hombre que estaba completamente atónito, el mozo concluyó diciendo: «Usted no ha comido, porque simplemente **no leyó lo que está escrito en el boleto**».

¡Mi hermano, el error es siempre nuestro! En la cruz del Calvario, Cristo nos compró el pasaje hacia la vida eterna. Él nos redimió de nuestros pecados y nos hace sentar con Él en las regiones celestiales. Muchos cristianos no disfrutan de las riquezas insondables de Cristo porque no leyeron sus derechos y privilegios en las Escrituras. Está todo escrito en el boleto: la Biblia. En la Palabra están escritas las promesas que nos dan la victoria. Satanás ha tenido victoria en la vida de muchos creyentes que viven enfermos y atormentados porque ellos simplemente no leyeron las promesas en el boleto, no leyeron en las páginas de la Biblia sobre la sanidad a través del nombre de Cristo y del poder de su sangre.

Sin límites

David decía que, por más que el hombre intentase alcanzar la perfección en cualquier cosa que hiciese, estaría siempre limitado. Pero la Palabra de Dios es ilimitada, no tiene fin, no se sujeta a las leyes naturales que son limitadas porque ella está encima de todo lo que es humano y falible. Ella es perfecta, infinita e indestructible y sobrevive a los ataques más furiosos que los hombres lanzan contra ella.

A toda perfección he visto fin; amplio sobremanera es tu mandamiento (Salmos 119.96).

Ella también resiste a la prueba del tiempo porque, hasta hoy, después de miles de años, la Palabra de Dios, la Biblia, está todavía en nuestras manos y estará ahí mañana y siempre. Ella también nos santifica. La santificación es un proceso, pero la santidad es un estado. Por su Palabra estamos, día a día, somos perfeccionados y nos tornamos santos por el efecto de su Palabra en nosotros y por lo que ya pusimos en práctica. Caminamos de gloria en gloria, hasta alcanzar la santidad perfecta en Cristo Jesús y, entonces, estaremos con Él para siempre. Recordemos la exhortación de Pablo: «estando persuadido de esto, que el que comenzó en vosotros la buena obra, la perfeccionará hasta el día de Jesucristo» (Filipenses 1.6).

El salmista dice: «El camino de Dios es perfecto, y la palabra del Señor sin impureza». La Palabra es perfecta, porque algo sin impureza es perfecto, como el oro refinado al cual se le quita toda su impureza. Si queremos andar en sus caminos rectos, tenemos que regirnos por su Palabra, pues es Él quien nos perfecciona. «Dios es el que me ciñe de poder, y quien hace perfecto mi camino» (Salmos 18.32). ¿Quiere andar en el camino correcto? Camine en la Palabra de Dios. Ella lo santificará, perfeccionando el camino por donde debe andar. Nuestra transformación ocurre por el Espíritu de Dios, que renueva nuestros pensamientos tornándolos de acuerdo con lo que Dios requiere de nosotros. El Señor desea que, en todas las esferas de nuestra vida, andemos de acuerdo a su agradable voluntad, que es siempre perfecta y buena. Esto es lo que el apóstol Pablo nos dice al escribir a los romanos: «No os conforméis a este siglo, sino transformaos por medio de la renovación de vuestro entendimiento, para que comprobéis cuál sea la buena voluntad de Dios, agradable y perfecta» (Romanos 12.2). ¿Quiere conocer su llamado? ¿Desea saber dónde servirá al Señor? ¿Quiere saber la voluntad de Dios y con quién se casará? Entonces, busque la dirección de Dios en todas las esferas de su vida, y así todo le saldrá bien.

Lea lo que Santiago nos enseña en su carta: «Mas el que mira atentamente en la perfecta ley, la de la libertad, y persevera en ella, no siendo oidor olvidadizo, sino hacedor de la obra, éste será bienaventurado en lo que hace» (Santiago 1.25). Sabremos la perfecta voluntad de Dios cuando conozcamos su perfecta Palabra. ¡Es muy simple! Aquí está el secreto para andar según sus caminos.

5- La Biblia nos exhorta a guardar sus palabras

Guardar es una actitud de proteger. Vigilamos, como centinelas, como atalayas, protegiendo lo que amamos. Así como un guardaespaldas defiende a la persona a quien acompaña, nosotros debemos guardar y defender lo que Dios nos dio. Preservamos y conservamos lo más sagrado que tenemos, que es Dios, la familia, el ministerio y los amigos. Milton Nascimento, a pesar de no conocer a Dios, expresó una verdad cuando dijo en una de sus canciones: «Un amigo es algo para **guardar** debajo de siete llaves, del lado izquierdo del pecho, dentro del corazón...» Todos nosotros guardamos memorias valiosas, atesoramos con cariño los momentos felices que pasamos al lado de verdaderos amigos que hasta hoy nos son fieles. Guardamos memorias familiares de nuestros padres y del amor que ellos nos demostraron y demuestran hasta hoy. Guardamos recuerdos felices de nuestro casamiento, o el nacimiento de nuestros hijos. Hasta hoy, recuerdo el momento en que estuve presente en la habitación del hospital junto a mi esposa, cuando dio a luz a cada uno de nuestros preciosos hijos (Kathryn y Junior). Conservo memorias de los fieles colegas de ministerio que nos ayudaron y ayudan hasta hoy con sus sabios consejos. Y, finalmente, todos nosotros recordamos con alta estima el día de nuestra conversión a Cristo. En nuestra mente están guardados aquellos momentos que pasamos con Él cuando Dios hizo en nosotros milagros extraordinarios. Y también lloramos de alegría cuando recordamos experiencias del pasado que muestran su fidelidad, protección y su provisión en nuestra vida. Pablo aconseja a Timoteo, su hijo en la fe: «Te encarezco delante de Dios y del Señor Jesucristo, y de sus ángeles escogidos, que **guardes** estas cosas» (1 Timoteo 5.21). Y aumenta aun más la responsabilidad de su discípulo al advertirlo: «Oh Timoteo, guarda lo que se te ha encomendado» (1 Timoteo 6.20). El propio Pablo, hablando de sí mismo, al expresar su esperanza en Cristo, dijo: «Estoy seguro que es poderoso para guardar mi depósito para aquel día» (2 Timoteo 1.12). Tenemos un depósito en el banco celestial, y nadie nos puede robar. Por lo tanto, debemos guardar la Palabra; esa es la tarea que nos corresponde. El propio Jesucristo dijo que debemos guardar la Palabra: «¡He aquí, vengo pronto! Bienaventurado el que **guarda** las palabras de la profecía de este libro» (Apocalipsis 22.7). Guárdela en estima y presérvela en el corazón. Dice el sabio Salomón: «La discreción te **guardará**; te preservará la inteligencia» (Proverbios 2.11), y aun agrega: El que guarda la ley es bienaventurado» (Proverbios 29.18); es feliz, próspero, lleno de gozo, paz, alegría y contentamiento.

La Palabra de Dios debe ser guardada

1) Con esfuerzo

Esforzaos, pues, mucho en guardar y hacer todo lo que está escrito en el libro de la ley de Moisés, sin apartaros de ello ni a diestra ni a siniestra (Josué 23.6).

Acostumbramos a guardar todo lo que tiene valor; pero, por encima de todas las cosas, debemos guardar la Palabra de Dios, que es el propio Dios; Cristo, que es la Palabra revelada. Pues Él está y permanece en primer lugar en todo. Debemos guardar lo que hemos aprendido y las experiencias que hemos vivido y oído de los demás hermanos.

2) Con entendimiento

Y Jehová te dé entendimiento y prudencia, para que cuando gobiernes a Israel, guardes la ley de Jehová tu Dios (1 Crónicas 22.12).

Entendimiento es la facultad de comprender, pensar o conocer, tener juicio y opinión y entender sobre un asunto determinado. Debemos conocer y comprender la Palabra, reconociendo los juicios de Dios por la Palabra y entendiendo los misterios divinos por la Palabra.

3) Con prudencia

El que guarda la ley es hijo prudente (Proverbios 28.7).

Un hombre prudente y que guarda la Palabra es sabio, actúa con entendimiento, procura evitar todo lo que considera errado o que le haga daño. Es un hombre que retiene el bien y es cuidadoso en hacerlo. Es un hombre que camina con cautela en sus asuntos y con precaución en sus tareas; está siempre alerta a los ataques del enemigo de su alma. Es previsor en el sentido más ético de la palabra, se guarda de todo y de todos.

4) Con fe

Él guarda las almas de sus santos; de mano de los impíos los libra (Salmos 97.10).

Si guardamos la Palabra, ella nos guardará. El beneficio de guardar la Palabra es recíproco. Usted la guarda, Dios lo guarda a usted. En los momentos difíciles de la vida, la Palabra lo guardará y le dará victoria. Si usted la guarda y confía en ella, el Señor estará siempre a su lado.

He aquí yo envío mi Ángel delante de ti para que te **guarde** en el camino, y te introduzca en el lugar que yo he preparado. Guárdate delante de él, y oye su voz ...]seré enemigo de tus enemigos (Éxodo 23.20-22).

Las Escrituras están repletas de promesas de la protección divina. En la bendición sacerdotal, en el libro de Números, por ejemplo: «Jehová te bendiga, y te guarde» (Números 6.24). A través de la oración de Ana, sabemos que: «Él guarda los pies de sus santos» (1 Samuel 2.9). El libro de Salmos nos dice que: «Jehová **guarda** a los sencillos» (Salmos 116.6) y también «guarda a todos los que le aman» (Salmos 145.20). Si usted ama a Dios, Él lo guardará en cualquier lugar, circunstancia y ante cualquier problema. Si somos fieles y cumplimos los principios de Dios, seguramente, obtendremos los resultados de la obediencia.

En la década de 1960, en la ex Unión Soviética, una muchacha estaba preparando su tesis para ser presentada en Moscú. Iba a exponer en un debate público, frente a un público internacional que había sido invitado para oír lo que ella diría en el Kremlin sobre el socialismo, marxismo y leninismo. Daría su punto de vista, resaltando la defensa del comunismo y del ateísmo frente a personas de varias naciones que fueron invitadas para aquel evento. Cuando la joven estaba casi terminado su tesis en la biblioteca de su abuelo, el reloj marcaba las dos y media de la mañana. Ella tenía que estar a las diez de la mañana de aquel mismo día en el Palacio de Gobierno soviético para presentar sus escritos. Al terminar, se levantó para relajarse un poco y disminuir la tensión mental. Pasando por la biblioteca, comenzó a pasar rápidamente la mano sobre algunos libros y a leer algunos títulos. Casualmente, encontró la vieja Biblia de su abuelo, quien había sido pastor. Sorprendida, tomó la Biblia del estante y la abrió. Para su admiración, encontró un pedacito de papel con una oración escrita por su abuelo que decía: «¡Oh Señor, salva a toda mi familia. Líbralos y guárdalos de la mentira del socialismo y protégelos del engaño del comunismo. Revela tu Palabra a mis hijos y nietos y permite que ellos te conozcan. En el poder de tu nombre, de rodillas y en lágrimas, yo te pido, oh Dios todopoderoso, amén!» De repente, el Espíritu Santo tomó a esta joven y la llenó de convicción de pecado. Ella recordó cuando era niña, y su abuelo la colocaba sobre sus rodillas y abría aquella vieja Biblia para enseñarle las historias bíblicas. En ese mismo instante, el Espíritu de Dios le hizo recordar cuando algunos miembros de su familia murieron por causa de Cristo, por no querer negar al Señor. Sin embargo, ella venía intentando borrar todas estas memorias; había dado la espalda y rechazado a Dios y a su Palabra. Entonces, cayendo de rodillas, en profunda convicción, lloró amargamente y pidió perdón al Señor. Allí mismo, entregó su corazón a Cristo y lo recibió ya casi a las cuatro de la mañana. Cuando llegaron las diez, allá estaba ella, lista para hablar sobre sus conocimientos en el Kremlin. Al comenzar, para sorpresa de todos, dijo: «En esta mañana presentaré mi defensa y tesis... Hubo apenas un cambio... Esta madrugada, a las cuatro, encontré la vieja Biblia de mi abuelo y, a través de ella, recibí el verdadero sentido de la vida que es Cristo y su Palabra. Vengo a defender una tesis de una causa santa, respecto de la Iglesia del Señor Jesús, y declaro que el marxismo, leninismo y todo el sistema socialista son una mentira y engaño. Sé las consecuencias que mis palabras traerán en esta mañana, pero estoy dispuesta a todo, hasta tener que enfrentar un campo de concentración o un pelotón de fusilamiento. Mientras tenga vida eterna en Cristo, estoy lista para morir por Dios y por su Palabra». ¿Usted puede imaginar la sorpresa que causó a los líderes soviéticos y a los invitados internacionales que estaban allí? ¡Cuán maravilloso es Dios! Él aprovechó aquella **oportunidad única** para demostrar el poder de convicción que contiene su Palabra y responder la oración de un abuelo por su nieta. No sabemos qué sucedió con aquella joven, pero, si la torturaron y la mataron, ella está con Cristo. ¡No importa! Ella está segura en las manos del Padre Celestial. Debemos recordar la exhortación de Pedro: «Que sois guardados por el poder de Dios mediante la fe, **para alcanzar la salvación** que está preparada» (1 Pedro 1.5). Si esa muchacha permaneció viva cumpliendo una sentencia por su comportamiento, que avergonzó a todo un sistema frente a la prensa internacional y a los invitados, esta Palabra es para ella: «Por cuanto has **guardado** la palabra de mi paciencia, yo también te **guardaré**» (Apocalipsis 3.10). En suma, al guardar su Palabra con esfuerzo, con entendimiento, con prudencia y con fe, Él también nos guardará en todos nuestros caminos. Esta es su promesa, y Él no fallará. Somos guardados en Él, para Él y por Él. ¡Dios es maravilloso! Grande es su poder e ilimitada su Palabra. Donde quiera que nuestro equipo ministerial vaya, en cualquier parte del mundo, sé que Dios está con nosotros y que Él nos guardará en todos nuestros caminos porque trabajamos para Él y no para nosotros. ¡Aleluya! Él es fiel, y su fidelidad sobrepasa los cielos.

Sabemos que todo aquel que ha nacido de Dios ... Dios le **guarda,** y el maligno no le toca (1 Juan 5.18).

6- La Biblia nos exhorta a tener sus palabras en nuestro corazón

En el estudio de la anatomía humana, el corazón es un órgano hueco, muscular, localizado en el tórax, formando dos aurículas y dos ventrículos y que recibe la sangre y la bombea mediante movimientos rítmicos. En el sentido espiritual, es donde reside la sede de nuestras emociones y sentimientos que están situados en el nivel del alma de todo ser humano. Somos llamados cuerpo, alma y espíritu, y el corazón forma parte del alma; él es el centro de nuestras emociones más íntimas y más profundas y contiene la capacidad de amar o de odiar. Es en el que residen nuestras actitudes, acciones y pensamientos, ayudándonos así a distinguir entre el bien y el mal. Podemos tener un corazón con las características de Dios o un corazón maligno, con las características y pasiones bajas, depravadas, deshonestas y sucias que vienen de parte del diablo. Como Jesús nos enseñó: «El hombre bueno, del buen tesoro de su corazón saca lo bueno; y el hombre malo, del mal tesoro de su corazón saca lo malo» (Lucas 6.45).

Aquí están las dos esferas: El bien y el mal. Pablo, hablando a los romanos sobre la inmoralidad sexual, le declara a los depravados que mantienen relaciones sexuales con el mismo sexo, diciendo: «Dios los entregó a la inmundicia, en las concupiscencias de sus **corazones**, de modo que deshonraron entre sí» (Romanos 1.24). Sus mentes estaban cauterizadas, no había más convicción del Espíritu de Dios, rechazaron por completo la salvación y se inflamaron entre sí. El casamiento entre un hombre y una mujer que Dios estableció desde el principio no es suficiente para ellos. Pablo dice que los tales tienen «cauterizada la conciencia» (1 Timoteo 4.2). Tales personas son dignas de lástima, pues están engañadas por el diablo. No es que sean malas personas en el sentido común de las actitudes humanas y sociales, pero fueron poseídas por el espíritu del maligno en sus corazones, por la desobediencia contra algo natural que hizo Dios, cometiendo así abominación a los ojos de Dios y de su Palabra.

«Por esto Dios los entregó a pasiones vergonzosas; pues aun sus mujeres cambiaron el uso **natural** por el que es contra **naturaleza**, y de igual modo también los hombres, dejando el uso **natural** de la mujer, se encendieron en su lascivia unos con otros, cometiendo hechos vergonzosos hombres con hombres, y recibiendo en sí mismos la retribución debida a su extravío» (Romanos 1.26-27). Y Pablo continúa: «Y como ellos no aprobaron tener en cuenta a Dios, Dios los entregó a una mente reprobada, para hacer cosas que no convienen» (v. 28). Tales personas rechazaron el conocimiento, o sea, la Palabra de Dios. Conocemos a Dios a través de su Palabra, no existe otra manera. Muchos de estos hombres y mujeres una vez conocieron a Dios, pero se desviaron de los caminos del Señor y su estado se tornó peor que el de antes. Oramos por ellos con amor cristiano, con dolor en el corazón y con mucha esperanza de que ellos puedan convertirse y vuelvan a Cristo, como muchos hicieron y dejaron sus prácticas abominables. Muchos se convierten a Cristo en todo el mundo y reciben asistencia espiritual y especial de otros que anteriormente estaban en la misma situación, pero que fueron libertados, redimidos y perdonados por Cristo. Nadie nace homosexual; eso es una mentira del diablo. La persona escoge ser así por su voluntad, porque cada criatura posee libre albedrío, libre opción de escoger. Pero, si tal persona se entrega a Cristo, Él le perdonará, lavará su corazón con la sangre del Cordero y salvará su alma de la perdición eterna. Como dice el profeta Jeremías: «Engañoso es el corazón». Por ser engañoso, la Biblia nos exhorta a tener su Palabra en nuestro corazón. «Hijo mío, no te olvides de mi ley, y tu corazón guarde mis mandamientos» (Proverbios 3.1). Es en el corazón que debemos guardar las enseñanzas de la Palabra. Si lo hacemos solamente con la mente, podemos tener una convicción intelectual y no espiritual. El gran problema es que, mentalmente, muchas personas saben que están erradas, pero no tienen la convicción del Espíritu en su corazón para abandonar el pecado. «Retenga tu corazón mis razones» (Proverbios 4.4).

La ley de Dios escrita en los corazones

Salomón nos advierte que debemos guardar sus Palabras de «todo» corazón. Debemos guardar la Palabra de Dios en todas las esferas de nuestra vida. Jamás olvidemos que las Escrituras deben estar, quedar, permanecer y ser guardadas dentro del corazón: «Daré mi ley en su mente, y la escribiré en su corazón» (Jeremías 31.33). Dios escribió dentro de nosotros sus mandamientos. No hay excusas cuando desobedecemos su Palabra. Todos poseemos la libertad para elegir entre el bien y el mal. El pecado es una elección; usted escoge libremente pecar contra la ley moral de Dios, contra la ley escrita de Dios y contra la ley espiritual de Dios. Él escribió su ley moral en el corazón de los hombres; eso es lo que las Escrituras afirman: «Mostrando la obra de la ley escrita en sus corazones, dando testimonio su conciencia, y acusándoles o defendiéndoles sus razonamientos» (Romanos 2.15). Nosotros tenemos una conciencia, que es la voz de Dios en nuestro corazón. Él nos dejó su ley escrita, que es la Biblia. Y, como si fuera poco, Dios nos dejó nuestra conciencia (la voz de la convicción) que es la ley espiritual de Dios. La conciencia está localizada en el alma del hombre, donde también reside nuestro intelecto. ¿Cuál es la razón de esta ley divina? Pablo responde en Romanos: «En el día en que Dios juzgará por Jesucristo los secretos de los hombres, conforme a mi evangelio» (Romanos 2.16). Su ley moral nos dice lo que está correcto o errado; por ella, Dios nos guía por el camino correcto, y los hombres no tendrán excusas en el día del juicio.

Marilyn Laszlo había dedicado toda su vida a la traducción de la Biblia para el pueblo Hauna, de Nueva Guinea. Cierto día, mientras estaba traduciendo, se encontró con la palabra «pecado». Entonces, Marilyn Laszlo comenzó a preguntar al pueblo Hauna qué pensaban ellos que era pecado de acuerdo con su cultura.

—Pecado —dijo el pueblo Hauna— es cuando mentimos,

cuando robamos, matamos y también cuando se toma para sí la mujer de otro hombre.

Laszlo quedó totalmente sorprendida. El pueblo Hauna, a pesar de no conocer a Dios, estaba hablando sobre el modelo de Dios contenido en la Ley que el Señor había dado a Moisés, en el Monte Sinaí: los diez mandamientos. ¡No hay excusas! Dios escribió su ley dentro de nosotros. Aquí tenemos la confirmación de que la Biblia es realmente la Palabra de Dios. El Señor nos juzgará por nuestras acciones.

Arrepentimiento y conversión

El apóstol, escribiendo a los hermanos de Roma, nos dice que se deleitaba interiormente en la ley de Dios. La ley de Dios actúa a nivel del espíritu y no solamente del intelecto. Alguien puede estar convencido de algo intelectualmente, pero no espiritualmente. Puede estar en su mente, pero no en su corazón. «Porque según el hombre interior, me deleito en la ley de Dios» (Romanos 7.22).

La razón por la cual muchas personas no vienen a Cristo es porque no fueron alcanzadas en la parte más íntima del ser, sino solamente en su intelecto. Somos exhortados a amar y servir a Dios con todo nuestro ser: «Y amarás a Jehová tu Dios de todo tu **corazón**, y de toda tu **alma**, y con todas tus **fuerzas**» (Deuteronomio 6.5). Somos cuerpo (fuerza), alma (alma) y espíritu (corazón). Dios es trino, y nosotros somos trinos. Vea lo que nos dice Pablo: «Y todo vuestro ser, espíritu, alma y cuerpo, sea guardado irreprensible para la venida de nuestro Señor Jesucristo» (1 Tesalonicenses 5.23). El juicio de Dios a nosotros será en estos tres niveles. Por eso, las personas tienen mucha dificultad para entender la diferencia de estas tres áreas o dimensiones.

Muchos no comprenden la distinción entre la mente y el espíritu. Por ejemplo, existen tres tipos y niveles de arrepentimiento: Al primero voy a llamarlo arrepentimiento intelectual. La persona reconoce que está equivocada y que es pecadora. El segundo sería el arrepentimiento emocional. La persona es envuelta en las emociones al oír de Dios, como expresó el salmista: «Me contristaré por mi pecado» (Salmos 38.18). El tercer nivel sería el arrepentimiento real, genuino, voluntario y verdadero. La persona reconoce su pecado y lo confiesa: «Mi pecado te declaré, y no encubrí mi iniquidad. Dije: Confesaré mis transgresiones a Jehová; y tú perdonaste la maldad de mi pecado» (Salmos 32.5).

Por otro lado, considero que existen cinco tipos de conversión: la conversión mental, que acontece cuando la persona cambia de pensamiento, de punto de vista, pero no cree ni se arrepiente. La segunda sería la conversión política, que acontece cuando la persona se adhiere a una causa o ideología política. El tercer tipo sería la conversión religiosa, que sucede cuando la persona tiene una religión, pero no es salva. Se incorporó a una religión, no a la verdad, por eso, no posee la seguridad de vida eterna en Cristo. Otro tipo sería la conversión moral, que acontece cuando la persona deja de ser mala para la sociedad después de haber sido acusada por cometer algún delito. Es un cambio externo solamente, y ningún sistema carcelario en el mundo puede cambiar el corazón de una persona; solamente Cristo puede hacerlo. El quinto y último tipo sería la conversión real, genuina y verdadera, que sucede cuando la persona cambia radical y completamente, aceptando a Cristo como su Señor y Salvador; cuando se arrepiente de sus pecados por la convicción del Espíritu Santo que opera en su alma, emociones, intelecto, espíritu y cuerpo.

En cierta ocasión, una joven decía no creer en Dios, pero se

sentía culpable por mantener relaciones sexuales con su novio.
¿Cómo puede ser esto posible? La culpa es la voz de la conciencia. Es algo natural que Dios creó; por eso, nadie tendrá excusas
en aquel día. En lugar de sentir remordimiento, ella debería arrepentirse y venir a Cristo. Remordimiento no es arrepentimiento,
es un sentimiento humano. El arrepentimiento es producido por
el Espíritu de Dios para llevar a la persona a la salvación. Judas,
por ejemplo, no se arrepintió por haber vendido a Cristo; él tuvo
remordimiento, por eso, se ahorcó. Si él se hubiese arrepentido,
como Pedro después de negar a Jesús, habría sido perdonado y
restaurado del mismo modo que lo fue Pedro. Esta es la diferencia.

¿O menosprecias las riquezas de su benignidad, paciencia y lon-
ganimidad, ignorando que su benignidad te guía al arrepentimiento? Pero por tu dureza y por tu **corazón** no arrepentido,
atesoras para ti mismo ira para el día de la ira y de la revelación
del justo juicio de Dios, el cual pagará a cada uno conforme a sus
obras (Romanos 2.4-6).

Una camarera

En la década de 1950, cuando la Unión Soviética era comunista,
un contrabandista de Biblias estaba hospedado en un hotel en
Moscú. En oración, el Señor le dijo que debería colocar el Nuevo
Testamento en la bandeja en que le trajeron los alimentos.
Entonces, bien escondido, debajo de una servilleta, colocó el
Nuevo Testamento, a fin de que, cuando la camarera viniese al
cuarto a buscar la bandeja, ella la llevase sin saber lo que había
debajo de la servilleta. Una de las mujeres que limpiaban el cuarto vino para hacer su servicio regular, llevó la bandeja, y, después

de unos diez o quince minutos, golpearon la puerta. Él dijo: «Oh Señor, estoy seguro que es la KGB. ¿Y ahora qué haré?» Para su sorpresa, cuando abrió la puerta, el pasillo estaba repleto de empleadas del hotel. La mujer que había llevado la bandeja le dijo: «Solamente a mí me ha dado un Nuevo Testamento, a pesar de que cada día una de nosotras limpia su cuarto. Estamos aquí para pedirle un ejemplar de la Palabra de Dios para cada una de ellas porque la hemos buscado de todo nuestro **corazón**; y, si usted no nos la da, nos enojaremos mucho».

Que Dios pueda ayudarnos a poner en práctica lo que hemos aprendido y, así, seremos bienaventurados en todo lo que hagamos. Pero, si desobedecemos sus preceptos, nada de lo que hagamos nos saldrá bien.

Los impíos, los salvos y su relación con la Palabra

Tanto mi esposa como mis hijos pueden viajar conmigo únicamente en el verano, ya que es el período de sus vacaciones escolares. Entonces, aprovechamos ese tiempo y, todos los años, viajamos juntos. Mientras yo predico en las cruzadas evangelísticas, ellos pasean y se divierten. Estudian todo el año y es justo que se tomen su tiempo de vacaciones. Mi esposa aprovecha también ese tiempo para descansar. Ella cuida a los niños y los ayuda en las tareas escolares todo el año durante mi ausencia, por esa razón, ella también necesita unos días para renovar sus fuerzas. Y yo disfruto mucho de la presencia de mi familia después de haber estado solo en tantos viajes. Un año, tuvimos la oportunidad de pasar un tiempo juntos en Europa. Visitamos España, Italia, Francia, Inglaterra y Holanda. Estuvimos en la ciudad de Amsterdam, ya que el Dr. Billy Graham me invitó a participar de la Conferencia Internacional de Evangelistas junto a diez mil evangelistas y ministros itinerantes. De allí, viajamos a California, donde estuvimos apenas dos días; luego, seguimos en dirección a Japón y Tokio para una gran cruzada evangelística entre brasileños, latinos, europeos, filipinos y japoneses. En este evento, contamos con el apoyo de más de ochenta iglesias. En agosto de 1998, también fuimos a Oslo y Kristiansand, en Noruega. Allí, prediqué en una campaña, y Dámaris predicó para las mujeres noruegas e hispanas. Una tarde, algunos niños de la iglesia, juntamente con mis hijos Kathy y Junior, se reunieron para realizar «la imitación de un culto» mientras nosotros almorzábamos. Kathy «dirigió» la alabanza, y los niños estaban animados. Junior decía: «Ah Kathy, yo conozco todos tus coros». Luego, Kathy cedió la palabra a Junior y dijo: «Ahora entrego la palabra al pastorcito Josué Yrioncito Junior». Alguno de la «pequeña congregación» tuvo la idea de grabar la «predicación» de Junior. Buscaron un casete y lo colocaron en el grabador; hicieron una «prueba» relámpago para ver si el casete trabajaba y grabaron lo que el pequeño «predicador» de seis años, oriundo de los «estados», tenía para decir.

Junior dio inicio a su sermón sosegadamente y continuó así. Luego, comenzó a levantar la voz y, dirigiéndose a los «presentes» reunidos, dijo: «Niños, me gustaría saludar a todos en el nombre de Jesús, y... y...» La mente quedó en blanco, pero continuó diciendo: «y... mi esposa y mis dos hijos también los saludan». Los niños, al oír que Junior había dicho «mi esposa y mis dos hijos les saludan» enloquecieron de risa. ¿Ustedes pueden imaginar? Él, tan pequeño, y ya con esposa y dos hijos. Después, me comentó que dijo eso porque es la manera en que yo saludo a la iglesia. Pero Junior no perdió la calma y, riendo también, continuó diciendo: «Hoy voy a predicar sobre Sansón». Al oír cuál sería el mensaje, Kathy dijo: «Ah Junior, yo conozco todos tus sermoncitos. Predica otro porque este ya lo conozco de memoria». Pero Junior no perdió la postura y prosiguió con su sermón. «Y Sansón tomó un pedazo de hueso en la mano y mató a un millón de filisteos...» Nosotros, que estábamos escuchando el «gran culto» desde la sala, gritamos: «¡Junior! No fue un millón,

Sansón mató mil filisteos». A lo que Junior respondió: «Para Dios es igual, matar mil o un millón. El poder de Dios es igual». Ustedes imaginan las carcajadas de los niños y las de todos nosotros al oír al «predicador». Quedamos atónitos con la rapidez con que él «arregló» las palabras de su «sermón» y las ajustó, dentro de un parámetro lógico, reconociendo la gloria, el poder y la majestad de Dios. Qué percepción la del niño al afirmar que, para Dios, matar un millón de adversarios es lo mismo que matar mil. ¡Alabado sea Cristo por la vida de Junior! En el futuro, él tomará mi lugar en el ministerio, y creo que Dios lo usará en gran manera en el mundo entero.

En cierta ocasión, un filósofo preguntó: «Si Platón y Jesús viniesen a la tierra nuevamente y ambos estuviesen dando un discurso al mismo tiempo, en dos lugares diferentes, ¿a cuál de los dos le gustaría oír?» Y terminando su discurso, declaró: «¿Quién asistiría a escuchar a Platón hablando sobre «la verdad», cuando podría escuchar directamente de los labios de Jesús: "Yo soy el camino, y la verdad, y la vida" (Juan 14.6)?» ¡Él es la verdad! Y el mismo Jesús, orando al Padre, se refirió a la Palabra de Dios diciendo: «Tu palabra es verdad» (Juan 17.17). No hay otro libro igual a la Biblia. Ella misma se declara como la verdad absoluta. No existe ninguna obra que trate los asuntos espirituales para el hombre como lo hace ella.

Job, a pesar de su estado físico y emocional, y en medio de tanta aflicción, declaró que jamás negaría la Palabra de Dios: «Sería aún mi consuelo, si me asaltase con dolor sin dar más tregua, que yo no he escondido las palabras del Santo» (Job 6.10). ¿Quién podría decir que alguien que haya negado la Palabra se haya quedado sin sufrir las consecuencias? ¡Nadie! «El Señor daba palabra; había grande multitud de las que llevaban buenas nuevas» (Salmos 68.11).

Avivamiento

Cuando observamos y obedecemos su Palabra, somos siempre bendecidos. En todos los continentes, he predicado que vendrá un avivamiento mundial. ¿Cómo será? ¿Cómo vendrá tal avivamiento? ¿Cuál será la fuerza que proporcionará tal mover? El avivamiento vendrá a través del poder de la Palabra. Que podamos orar como Habacuc: «Oh Jehová, he oído tu **palabra**, y temí. Oh Jehová, aviva tu obra en medio de los tiempos, en medio de los tiempos hazla conocer» (Habacuc 3.2). Dios traerá el mayor derramamiento del poder del Espíritu Santo que hubo en la historia. Será la última cosecha de almas, donde millones y millones se convertirán a Dios. Este es el avivamiento que vendrá por el poder de la Palabra de Dios:

> Mirad entre las naciones, y ved, y asombraos; porque haré una obra en vuestros días, que aun cuando se os contare, no la creeréis (Habacuc 1.5).

Durante nuestras cruzadas en cualquier parte del mundo, al participar en entrevistas radiales y televisivas, siempre menciono este versículo del libro de Habacuc. Este texto me inspira de una manera muy especial porque creo y predico un avivamiento. Jesús causó una revolución a través de su vida y ministerio durante la ocupación romana de Israel. Después de la crucifixión y resurrección, los discípulos de Emaús afirmaron algo que nos deja percibir con claridad la influencia ejercida por el ministerio de Jesús: «Jesús nazareno, que fue varón profeta, poderoso en obra y en **palabra** delante de Dios y de todo el pueblo» (Lucas 24.19).

Las palabras de Cristo causaron un «avivamiento» espiritual

en Israel cuando muchos lo reconocieron y lo aceptaron como el Mesías y la respuesta de las Escrituras proféticas. Jesús mismo se refirió a sus propias palabras de la siguiente forma: «De cierto, de cierto os digo: El que oye mi palabra, y cree al que me envió, tiene vida eterna; y no vendrá a condenación, mas ha pasado de muerte a vida» (Juan 5.24).

En cierta ocasión, Jesús preguntó a sus discípulos si alguno de ellos quería retirarse, y respondieron: «Señor, ¿a quién iremos? Tú tienes **palabras** de vida eterna» (Juan 6.68). Solamente Él tiene en sus manos la capacidad de dar la vida eterna, y esta viene a través de sus palabras, pues, como Él mismo afirmó: «El que guarda mi **palabra**, nunca verá muerte».

Sus palabras son la única garantía de lo que tenemos con relación al destino eterno de nuestra alma. En la oración sacerdotal, Cristo agradece al Padre por sus discípulos, que habían creído en Él, y dice: «Tuyos eran, y me los diste, y han guardado tu palabra» (Juan 17.6).

Un joven, que estudiaba en un Seminario Teológico, invitó a sus colegas a jugar baloncesto. Fueron al gimnasio de una escuela pública que quedaba cerca del seminario. Allí, el señor que cuidaba la escuela permitía a los jóvenes jugar mientras él esperaba pacientemente hasta que terminaban. Era un anciano negro con cabellera blanca que, mientras esperaba, se sentaba a leer su vieja Biblia. Un día, uno de los jóvenes se acercó y le preguntó:

—¿Qué está leyendo?

A lo que respondió:

—Estoy leyendo el libro de Apocalipsis.

El seminarista, un poco sorprendido, volvió a preguntar:

—Pero, ¿usted entiende este libro?

El viejo respondió:

—Claro que sí, hombre.

—¿Y usted entiende el significado del libro de Apocalipsis?
—volvió a preguntar el joven.

Con gran amabilidad y tranquilidad el anciano respondió:

—¡Que Cristo es vencedor!

El crecimiento de la Iglesia

Concluyendo, aseguramos que la Biblia en todos sus libros afirma que Cristo es el vencedor. Si Él es vencedor, la Palabra es vencedora, pues Cristo es la Palabra de Dios. La Iglesia Primitiva creció extraordinariamente porque creía que Cristo era el vencedor (Hechos 6.7). La Biblia nos afirma que el crecimiento de la Iglesia Primitiva era sorprendente porque la Palabra de Dios era predicada con poder y autoridad y porque Cristo es vencedor. «Pero la palabra del Señor crecía y se multiplicaba» (Hechos 12.24). La Iglesia crecía en milagros, en poder, en prodigios, en unción, en victoria y en la proclamación del evangelio. La membresía de la Iglesia se multiplicaba abrumadoramente. Aquí está el secreto para los pastores que desean que sus iglesias crezcan. Si usted es ministro de Dios, desea ver el crecimiento de su rebaño, predique la Palabra como ella es y obtendrá resultados increíbles en su vida, familia, ministerio e iglesia.

La disposición de los discípulos y de los líderes de la Iglesia Primitiva era tan grande que, respecto a Pablo y sus colaboradores, leemos en las Escrituras que «todos los que habitaban en Asia, judíos y griegos, oyeron la palabra del Señor Jesús» (Hechos 19.10). ¡Eso es más que extraordinario! Ellos predicaron en toda Asia Menor habitada, y todos, absolutamente todos, oyeron la Palabra de Dios. Es increíble mirar la vida de Pablo y de sus ayudantes y percibir cómo la Palabra les dio disposición, poder y autoridad para predicar. ¡Es la Palabra que hace crecer la obra de Dios!

En aquel tiempo, Pablo y los discípulos no tenían ómnibus, trenes, autos o aviones para viajar. Tampoco tenían teléfono, telefax, computadoras, correos electrónicos, computadoras portátiles, fotocopiadoras. Ni siquiera tenían máquinas electrónicas de escribir, telegramas, satélites, televisores, radios, diarios ni revistas. No contaban tampoco con la Biblia ni ningún avance de la tecnología moderna de hoy. Pero, igual, alcanzaron una enorme porción geográfica, como la de Asia Menor, contando únicamente con la disposición y el poder de la Palabra de Dios. Nosotros, que hoy tenemos todo lo que antes nunca imaginaron, ¿qué hacemos para Dios? Deberíamos avergonzarnos y volver a creer en la Palabra como ella realmente es. «Porque partiendo de vosotros ha sido divulgada la palabra del Señor, no sólo en Macedonia y Acaya, sino que también en todo lugar vuestra fe en Dios se ha extendido, de modo que» (1 Tesalonicenses 1.8).

Es la fe en la Palabra de Dios la que causa resultados positivos, y es por el Espíritu Santo que la Palabra es llevada a todos los lugares. La fe simple en la Palabra es el secreto de la victoria de la Iglesia de Cristo. Pablo reconocía también que era la oración de la Iglesia junto al poder del Espíritu Santo los que, en un esfuerzo conjunto, llevarían la Palabra a ser proclamada. «Por lo demás, hermanos, orad por nosotros, para que la palabra del Señor corra y sea glorificada, así como lo fue entre vosotros» (2 Tesalonicenses 3.1).

No importa cuánta oposición tengamos que enfrentar para que la Palabra sea proclamada y glorificada en Cristo. En todas partes del mundo, la Biblia es predicada diariamente a millones y millones de personas de todas las formas y maneras imaginables, por hombres y mujeres de Dios. Ya sea a través de pastores, misioneros, evangelistas, ministros o simplemente predicadores laicos, que la proclaman en miles de idiomas y dialectos diferentes, cumpliéndose así lo que dice el Señor Jesús: «Y será predicado este evangelio del reino en todo el mundo, para testimonio a todas las naciones» (Mateo 24.14). Nadie puede detener el avance de la Palabra. ¡Nadie puede detenerla o aprisionarla!

Mas la palabra de Dios no está presa (2 Timoteo 2.9).

En una calle de un país africano, un misionero de la Sociedad Bíblica Americana sostenía en sus manos un Nuevo Testamento. Un joven africano se acercó y le preguntó si podría regalarle el librito. El misionero aceptó pero sintió curiosidad por saber por qué.

—Sus páginas tienen la estructura exacta para hacer un cigarro.

El misionero, impresionado por la sinceridad del joven, replicó:

—Te daré este pequeño libro si me prometes que antes de hacer un cigarro con estas páginas, leerás todo el libro. De lo contrario, no te lo daré. El africano aceptó la propuesta y recibió el Nuevo Testamento de manos del misionero. Quince años más tarde, el mismo misionero asistió a una campaña en la que predicaría un evangelista negro. Cuando el evangelista vio al misionero, se acercó y le preguntó:

—¿Se acuerda de mí?

El misionero respondió:

—No. ¿Nosotros nos vimos antes?

—Sí, hace quince años usted me dio su Nuevo Testamento con la condición de que antes de hacer cigarros con sus páginas, lo leyese todo. Tardé un buen tiempo para leer desde el Evangelio de Mateo hasta Juan 13. Mientras lo hacía, una profunda convicción vino a mi corazón, y dejé de fumar. Entonces, comencé a predicar la Palabra. Aquel Nuevo Testamento es la razón de que hoy esté aquí predicando. Y concluyó diciéndole al misionero: «¡Muchas gracias por la Palabra!» En suma, la Palabra de Dios transforma el corazón del hombre, quitando sus vicios, salvándolo y restaurándolo. E invita al hombre a predicar la propia Palabra de Dios. ¡Aleluya! Dios forma nuestro carácter y nuestra personalidad para que seamos obreros ejemplares.

Retenedor de la palabra fiel tal como ha sido enseñada, para que también pueda exhortar con sana enseñanza y convencer a los que contradicen (Tito 1.9).

La Biblia nos afirma que el amor de Dios es perfeccionado en nosotros por el poder de la Palabra de Dios. ¿Usted quiere tener amor? ¡Busque en la Palabra de Dios! El apóstol Juan dice: «Pero el que guarda su palabra, en éste verdaderamente el amor de Dios se ha perfeccionado; por esto sabemos que estamos en él» (1 Juan 2.5).

Cuando Saúl estaba listo para ser ungido rey de Israel por el profeta Samuel: «dijo Samuel a Saúl: Di al criado que se adelante (y se adelantó el criado), mas espera tú un poco para que te declare la palabra de Dios» (1 Samuel 9.27). Este texto nos lleva a una pregunta inevitable: ¿Cuál fue la última vez que usted oyó la voz de Dios a través de su Palabra? Es ella quien puede darnos dirección. Cuando oímos la Palabra de Dios, caminamos en su perfecta voluntad. Debemos desear y procurar oír la voz de Dios, como el ejemplo de la multitud que con avidez deseaba oír su Palabra: «Aconteció que estando Jesús junto al lago de Genesaret, el gentío se agolpaba sobre él para oír la palabra de Dios» (Lucas 5.1). Podemos afirmar que hoy existen multitudes que desean oír la Palabra de Dios y aprender de sus páginas. Y aquellos que oyen y obedecen la Palabra de Dios se hacen parte activa de la familia de Cristo en cualquier nación, raza, pueblo, color o lengua: «Mi madre y mis hermanos son los que oyen la palabra de Dios, y la hacen».

Los apóstoles hicieron de la predicación de la Palabra una prioridad en sus ministerios: «Entonces los doce convocaron a la multitud de los discípulos, y dijeron: No es justo que nosotros dejemos la palabra de Dios, para servir a las mesas» (Hechos 6.2). Nuestra prioridad en el ministerio debe ser la predicación de la Palabra y no actividades «extras» que tomen su lugar. Los pastores deben procurar delegar autoridad, como los doce hicieron en esta ocasión, para que puedan dedicarse al Ministerio de la Palabra y la oración. Este es nuestro llamado como ministros. Somos responsables por llevar la Palabra y por la calidad de los mensajes que estamos predicando.

Cierto profesor de homilética decía a sus alumnos en el seminario: «Cada vez que predico, yo solamente recibo crédito apenas por un sermón, aunque, en realidad, predico cuatro sermones en lugar de uno». Los alumnos, al no entender lo que decía, preguntaron: «Pero, ¿cómo es eso?» El profesor respondió: «Cada vez que predico, en realidad presento cuatro sermones. Primero está el sermón que preparé con tiempo, que es bueno. El segundo es lo que realmente predico en el púlpito. El tercero es lo que hago en el camino de regreso a mi casa, que siempre es mejor; y el cuarto es lo que cuentan los miembros de la iglesia después de oírlo, que, la mayoría de las veces, no tiene ninguna relación con los otros tres». Las personas siempre entenderán el sermón de maneras diferentes. Cada cabeza piensa de una manera distinta. Debemos tener en mente que es muy saludable orar al Espíritu de Dios para que Él conceda el entendimiento necesario al pueblo, y, así, este pueda comprender el mensaje anunciado. La Palabra hablará a cada uno de acuerdo a su necesidad. Como predicadores debemos instruir siempre con simpleza para que todos puedan entender. Allí radica el éxito de un ministerio: en la predicación de la Palabra. De esa manera trabajaba la iglesia primitiva, con una predicación simple y poderosa de la Palabra. Ellos anunciaron la Palabra en todas partes del mundo conocido, tanto en Jerusalén, como en Judea, Samaria y en el mundo gentil: «Oyeron los apóstoles y los hermanos que estaban en Judea, que también los gentiles habían recibido la palabra de Dios» (Hechos 11.1).

El libro de los Hechos nos dice que, por ocasión del primer viaje misionero de Pablo, el procónsul Sergio Paulo fue uno de los objetivos de la predicación del apóstol: «Ellos, entonces, enviados por el Espíritu Santo ... anunciaban la palabra de Dios en las sinagogas de los judíos ... que estaba con el procónsul Sergio Paulo, varón prudente. Este, llamando a Bernabé y a Saulo, deseaba oír la palabra de Dios» (Hechos 13.4-5,7). O sea, personas de alto nivel y de posición social procuraban y deseaban también oír la Palabra de Dios. Concluyendo, diríamos que la Biblia testifica que personas de niveles y clases sociales más distinguidas anhelan oír las enseñanzas contenidas en sus páginas maravillosas. En síntesis, la Palabra penetra en lo más íntimo del corazón humano y lo transforma, porque tiene el poder de una espada: «Y la espada del Espíritu, que es la palabra de Dios» (Efesios 6.17). Solamente la Palabra de Dios puede cambiar y transformar el corazón humano y llevarlo a una comunión diaria con su Creador. ¡Aleluya!

El universo creado de la Palabra de Dios

El universo fue creado por la Palabra de Dios. «Por la fe entendemos haber sido constituido el universo por la palabra de Dios, de modo que lo que se ve fue hecho de lo que no se veía» (Hebreos 11.3). ¡Eso es increíble! Dios habló y todo existió, como confirma el salmista David: «Por la palabra de Jehová fueron hechos los cielos, y todo el ejército de ellos por el aliento de su boca» (Salmos 33.6).

En el estudio número cinco de mi serie de estudios de escatología bíblica (el estudio de las profecías, que contiene diecinueve audio casetes, disponibles solamente en español), declaro sin ningún temor en su título: «Creación y no evolución». En este estudio de una hora completa, presento decenas de evidencias bíblicas y seculares que destruyen todos los argumentos de la «falsa evolución». Dios es el Creador y la fuente de todas los cosas. Hoy en día, físicos nucleares y científicos de todos los campos de la ciencia, atestiguan la infalibilidad de las Escrituras y denuncian la falacia engañadora y mentirosa de la fraudulenta e ilusoria «teoría de la evolución». Pruebas arqueológicas e innumerables fuentes prueban la verdad de la Palabra de Dios. Vea lo que el apóstol Pedro nos dice en su segunda carta: «En el tiempo antiguo fueron hechos por la palabra de Dios los cielos, y también la tierra» (2 Pedro 3.5). ¿Qué más afirma la Biblia? Que Dios es el supremo Creador de los cielos y de la tierra y es la razón de la existencia del universo habitado o no habitado. Él creó al hombre para su honra y para su gloria. Pedro nos dice que: «Si alguno habla, hable conforme a las palabras de Dios» (1 Pedro 4.11). Somos llamados a hablar del poder de las Escrituras y del poder creador de Dios que hizo todas las cosas.

Los impíos y su relación con la Palabra de Dios

1- Los impíos escarnecen la Palabra de Dios

Mas ellos hacían escarnio de los mensajeros de Dios, y menospreciaban sus palabras, burlándose de sus profetas, hasta que subió la ira de Jehová contra su pueblo, y no hubo ya remedio (2 Crónicas 36.16).

Debemos tener cuidado de no tener ninguna actitud de indiferencia con relación a la Palabra de Dios. Siempre debemos estimarla y honrarla. De la misma manera, debemos también estimar a los predicadores, los ministros y los mensajeros de Dios. Jamás debemos tratar a la Palabra y a los mensajeros de Dios levemente o con desprecio. Dios, ciertamente, juzgará a todos los que desprecian su santa Palabra.

2- Los impíos no guardan la Palabra y son indiferentes a ella

No guardaron el pacto de Dios, ni quisieron andar en su ley (Salmos 78.10).

Aquel que un día tuvo una experiencia con Dios pero no guardó su Palabra, desviándose de sus caminos, su estado se tornó peor que el primero. Tenga cuidado de no apartarse de la Palabra y manténgase en el camino que Dios estableció.

Antes bien, creced en la gracia y el conocimiento de nuestro Señor y Salvador Jesucristo (2 Pedro 3.18).

Estamos conscientes de que hay millones de personas dispersas por el mundo que viven indiferentes a la Palabra de Dios, pero sabemos también que hay millones de personas que desean y quieren crecer en el conocimiento de las Escrituras y en la sabiduría de sus consejos, los cuales han iluminado y bendecido a los hombres por varias generaciones.

El apóstol Pablo tenía tanto amor a la Palabra y a los libros que, en su carta a Timoteo, pidió a su hijo en la fe, por ocasión de su prisión en Roma: «Trae, cuando vengas, el capote que dejé en Troas en casa de Carpo, y los libros, **mayormente los pergaminos**» (2 Timoteo 4.13). Charles Spurgeon, el gran predicador del Tabernáculo Metropolitano de Londres, al comentar sobre este versículo, dijo en cierta ocasión: «Pablo era un hombre inspirado por Dios, pero quería los libros. Ya había predicado por treinta años, pero quería los libros; había visto al Señor y tenido una experiencia superior a los otros hombres de Dios de su época, pero quería los libros. Ya había estado en el tercer cielo y oído palabras imposibles de repetir, pero quería los libros. Había escrito la mayor parte del Nuevo Testamento, pero quería los libros».

3- Los impíos rechazan la Palabra de Dios

Por tanto, como la lengua del fuego consume el rastrojo, y la llama devora la paja, así será su raíz como podredumbre, y su flor se desvanecerá como polvo; porque desecharon la ley de Jehová de los ejércitos, y abominaron la palabra del Santo de Israel (Isaías 5.24).

Al rechazar la Palabra de Dios, estará bajo maldición; todo lo que haga no tendrá éxito. Al rechazar la Palabra, usted rechaza también a Dios.

Cierto amigo de un pastor llevaba la Biblia a todo lugar que iba. Algunas personas preguntaron al pastor si este joven quería parecer superespiritual. El pastor respondió: «Él hace esto, no porque se sienta fuerte espiritualmente, sino porque sabe cuán débil es. Él cayó en pecado varias veces por rechazar la Palabra de Dios, pero ahora está determinado, por la misericordia de Dios, a estar firme en el Señor. Lleva su Biblia a todos lados para recordar siempre sus advertencias y para no rechazarlas más; porque si lo hace caerá de nuevo en los viejos caminos del pecado».

Moisés, al entregar la Ley al pueblo de Israel, dijo que estaba delante de ellos el camino de la vida y de la muerte. Vida, si obedecían la Palabra de Dios; muerte, si la desobedecían. Si usted lee el capítulo 28 del libro de Deuteronomio, verá las consecuencias en la vida de aquellos que escogieron considerar la Palabra y aquellos que la rechazaron. Bendiciones o maldiciones podrán venir sobre su vida, a partir de su actitud ante la Palabra. ¿Cuál será su postura; de obediencia o de rebelión? Usted tiene libre albedrío. Es una decisión personal e individual. Escoja la Palabra...

Porque este pueblo es **rebelde**, hijos mentirosos, hijos que no quisieron oír la ley de Jehová (Isaías 30.9).

4- Los impíos no prestan oídos a la Palabra de Dios

Oye, tierra: He aquí yo traigo mal sobre este pueblo, el fruto de sus pensamientos; porque no **escucharon** mis palabras, y aborrecieron mi ley (Jeremías 6.19).

Cuando usted cierra sus oídos y su corazón a la Palabra y no la considera ni la pone en práctica, se está destruyendo lentamente, hasta que el enemigo deshaga todo lo que a Dios le llevó años construir en su vida.

5- Los impíos dejan la Palabra de Dios

Dijo Jehová: Porque dejaron mi ley, la cual di delante de ellos, y no obedecieron a mi voz, ni caminaron conforme a ella (Jeremías 9.13).

El famoso predicador G. Campbell Morgan tuvo cuatro hijos que también fueron predicadores. Howard, el más joven, se conoció como un gran predicador. Una vez, mientras su padre estaba fuera de la ciudad, Howard ocupó el púlpito en su lugar. Después del sermón, un hermano le preguntó: «¿Quién es el mejor predicador de la familia?» Sin vacilar, Howard respondió: «¡Mi madre!» A veces, los hombres y mujeres que nunca suben al púlpito predican los mejores sermones, pues viven con Cristo diariamente, no dejando la Palabra de Dios de lado como muchos lo hacen. Solamente a través de la Palabra seremos ejemplo a los demás.

6- Los impíos olvidan la Palabra de Dios

Porque olvidaste la ley de tu Dios, también yo me olvidaré de tus hijos (Oseas 4.6).

Si quiero que en el futuro mis hijos sean ministros de la Palabra de Dios, tengo el compromiso y la responsabilidad de darles el ejemplo, perseverando en mi fidelidad al Señor. Y de esa manera Dios será fiel a mis hijos. Yo no me olvidaré de todo lo que

Él ha hecho por mí y tampoco me olvidaré de su Palabra y de sus mandamientos. El Señor cumplirá la promesa que hizo con relación a nuestros queridos hijos. No se olvide de Dios y Él no se olvidará de usted. Búsquelo diariamente y siempre lo encontrará.

Billy Graham cuenta que, en el inicio de su ministerio pastoral, fue a visitar a algunos miembros de su iglesia. Al llegar a la casa de una familia, percibió que, a través de los vidrios, se podía ver hacia dentro de la casa. Tocó el timbre y, al mirar para dentro de la casa, se sorprendió con lo que vio: los miembros de su iglesia estaban jugando a las cartas en la mesa de la sala. Al oír el timbre y reconocer la silueta de su pastor del otro lado de la puerta, rápidamente, a una velocidad supersónica, juntaron las cartas y las escondieron. Tomaron la Biblia que estaba sobre el sofá y la colocaron en la mesa justo en el momento en que Graham entraba en la sala. Ellos pensaban que él no los había visto y le dijeron: «Buenas tardes reverendo Graham. Aquí estamos todos juntos, en familia, "meditando" en la Palabra de Dios y en el Salmo 23. ¿No es maravilloso?» ¡Qué horrible! Ellos no estaban meditando en el Salmo 23; estaban jugando cartas. Prefirieron olvidar la Palabra de Dios y aun intentaron engañar a su pastor. Muchos darán cuenta de sus hipocresías para con Dios y su Palabra. Tenemos tiempo para muchas cosas, menos para leer y meditar en la Palabra. ¡Que el Señor tenga misericordia de nosotros!

7- Los impíos blasfeman contra la Palabra de Dios

Para que la palabra de Dios no sea blasfemada (Tito 2.5).

Muchos blasfeman, llenos de malas intenciones, contra la Palabra de Dios y contra la Iglesia. Después que Dios libró a los tres jóvenes hebreos de las llamas del fuego ardiente, el rey Nabucodonosor dijo: «Por lo tanto, decreto que todo pueblo, nación o lengua que dijere blasfemia contra el Dios de Sadrac, Mesac y Abed-nego, sea descuartizado, y su casa convertida en muladar; por cuanto no hay dios que pueda librar como éste». Los tres jóvenes fueron fieles a Dios, y Dios fue fiel a ellos. Estos jóvenes hebreos conocían las Escrituras y estarían blasfemando contra Dios si se hubiesen inclinado ante la estatua de oro que el Rey había hecho.

8- Los impíos se avergüenzan de la Palabra de Dios

Porque el que se **avergonzare** de mí y de mis palabras en esta generación adúltera y pecadora, el Hijo del Hombre se avergonzará también de él, cuando venga en la gloria de su Padre con los santos ángeles (Jesucristo, Marcos 8.38).

Algunos se avergüenzan de Cristo y de su Palabra. Si usted lo hace, Él también se avergonzará de usted en aquel día, cuando venga en gloria. El evitar compartir la Palabra con sus amigos, colegas, vecinos y conocidos es la característica de un cristiano avergonzado. Si por vergüenza o timidez usted lo niega, Él también lo negará.

Cierto hermano estaba desanimado y triste porque intentaba memorizar los versículos de la Biblia y no conseguía hacerlo. Sentía vergüenza por llevar la Biblia en su mano sin tener sus palabras memorizadas. Fue a su pastor y le dijo: «Me siento avergonzado en decir que soy creyente, porque cuando alguien me pregunta algo de la Biblia no puedo responder, pues no tengo habilidad para memorizar los versículos. Siento vergüenza ante los creyentes y los no creyentes» Su pastor, un hombre muy sabio, viendo la sinceridad del joven le respondió: «Primero, nunca debes avergonzarte de la Palabra de Dios. Segundo, nunca debes avergonzarte de ser creyente en Jesús. Y tercero, ten ánimo, porque, cuando cuelas algo en un colador, no importa cuánta agua viertas, nunca conseguirás detenerla, contenerla o retenerla, pero siempre terminarás con un colador más limpio... ¿no es así?»

No se avergüence de la Palabra. Ella tornará cada día más limpia su conciencia y sus pensamientos. No se avergüence de Cristo, y Él lo hará cada día más sabio. Si usted tiene la misma dificultad que aquel hermano y no consigue memorizar las Escrituras, ore a Dios y pida a Él que lo capacite para retener las sagradas letras en su memoria. Él siempre producirá sus frutos y nada podrá frustrar su propósito: «Así será mi palabra que sale de mi boca; no volverá a mí vacía, sino que hará lo que yo quiero, y será prosperada en aquello para que la envíe» (Isaías 55.11).

Los salvos y su relación con la Biblia

1- Miles de personas aman y leen públicamente la Palabra de Dios

Cuando viniere todo Israel a presentarse delante de Jehová tu Dios en el lugar que él escogiere, **leerás** esta ley delante de **todo** Israel a **oídos** de ellos. Harás congregar al **pueblo**, varones y mujeres y niños, y tus extranjeros que estuvieren en tus ciudades, para que **oigan** y aprendan, y teman a Jehová vuestro Dios, y cuiden de cumplir **todas** las palabras de esta ley (Deuteronomio 31.11-12).

La Biblia es leída todos los días en miles de lugares diferentes, por millones de personas y en centenas de miles de idiomas distintos. Cuando la palabra es leída públicamente, las personas temen a Dios convirtiéndose de sus caminos. Por eso, las cruzadas evangelísticas multitudinarias que realizamos en todo el mundo son tan importantes, pues miles y miles de personas, simultáneamente, pueden oír la Palabra de Dios en un solo lugar.

Entonces el rey mandó reunir con él a todos los ancianos de Judá y de Jerusalén. Y subió el rey a la casa de Jehová con todos los varones de Judá, y con todos los **moradores** de Jerusalén, con los sacerdotes y profetas y con **todo el pueblo**, desde el más chico hasta el más grande; y leyó, oyéndolo ellos, todas las palabras del libro del pacto que había sido hallado en la casa de Jehová. Y poniéndose el rey en pie junto a la columna, hizo pacto delante de Jehová, de que irían en pos de Jehová, y guardarían sus mandamientos, sus testimonios y sus estatutos, con todo el corazón y con toda el alma, y que cumplirían las palabras del pacto que estaban escritas en aquel **libro**. Y **todo el pueblo** confirmó el pacto (2 Reyes 23.1-3).

La Palabra produce arrepentimiento cuando es leída públicamente. El segundo libro de Reyes nos relata el reavivamiento vivido por el pueblo de Israel, cuando fueron leídas «todas las palabras del libro del pacto» (2 Reyes 23.2). Cuando el rey Josías oyó las palabras del libro de la Ley, se humilló delante del Señor y se dispuso a cumplir las palabras de la alianza. El resultado de ese encuentro del rey con el maravilloso libro del pacto quedó en la historia: «No hubo otro rey antes de él, que se convirtiese a Jehová de todo su corazón, de toda su alma y de todas sus fuerzas, conforme a toda la ley de Moisés» (2 Reyes 23.25). ¿Le gustaría traer avivamiento a su ciudad? ¡Vuelva a la Palabra!

En julio de 1985, volví a visitar los países comunistas de la llamada Cortina de Hierro. De ahí, tomé un vuelo hacia la ciudad de Viena, Austria. Allí, sin esperar más, mientras estaba en el aeropuerto, me arrodillé en el banco y, entre lágrimas, con mi Biblia en la mano, agradecí al Señor por el privilegio de vivir en un país libre, donde puedo leer su Palabra sin tener problemas con las autoridades, donde puedo leerla públicamente para todos aquellos que lo deseen. Algunas personas pasaban y no entendían por qué yo estaba de rodillas llorando. Un hombre se aproximó a mí y preguntó: «¿Se encuentra bien? ¿Esta triste?» Yo respondí al educado señor: «Estoy bien y no estoy triste; al contrario, estoy muy feliz por ser libre, por vivir libre, por tener y leer esta Palabra en un país libre. Lloro de alegría por ser libre».

Gracias a Dios porque los Estados Unidos es un país libre. Gracias a Dios que mi querido Brasil es libre. Gracias a Dios que todos los países de América Latina, con excepción de Cuba, son libres. Pero creo que algún día la patria de mi esposa también será libre. Dios salvará a los cubanos (este es mi deseo, mi oración), y esperaré ese día pacientemente. Alabe a Dios porque usted es libre, porque tiene el derecho a la libre expresión y, sobre todo, porque tiene la libertad de llevar la Biblia por las calles de su país.

Y se juntó **todo el pueblo** como un solo hombre en la plaza que está delante de la puerta de las Aguas, y dijeron a Esdras el escriba que trajese el libro de la ley de Moisés ... Y leyó en el libro delante de la plaza ... desde el alba hasta el mediodía, en presencia de hombres y mujeres y de todos los que podían entender; y los oídos de **todo el pueblo** estaban atentos al libro de la ley ... Ben-

188

dijo entonces Esdras a Jehová, Dios grande. Y **todo el pueblo** respondió: ¡Amén! ¡Amén! alzando sus manos; y se humillaron y adoraron a Jehová inclinados a tierra ... porque **todo el pueblo** lloraba oyendo las **palabras** de la ley (Nehemías 8.1,3,6,9).

La lectura pública de la Palabra trae convicción de pecado y transforma los corazones de aquellos que la oyen. Es por esta razón que creemos en la evangelización en masa. Cuando predicamos la Palabra públicamente, el Espíritu Santo manifiesta su poder, convirtiendo los corazones de los presentes.

Después mandó Jeremías a Baruc, diciendo: A mí se me ha prohibido entrar en la casa de Jehová. Entra tú, pues, y lee de este rollo que escribiste de mi boca, las palabras de Jehová a los oídos del **pueblo**... y las **leerás** también a oídos de **todos** los de Judá que vienen de sus ciudades. Quizás llegue la oración de ellos a la presencia de Jehová, y se vuelva cada uno de su mal camino; porque grande es el furor y la ira que ha expresado Jehová contra este **pueblo** (Jeremías 36.5-7).

Andrew Young, colaborador del Dr. Martin Luther King, posteriormente embajador de los Estados Unidos ante las Naciones Unidas y, más tarde, gobernador de la ciudad de Atlanta, fue invitado a pronunciar un discurso de graduación en la Universidad de Maryland. Durante su charla, Young desafió al público estudiantil a comprar una Biblia y a leer un capítulo por día. Y agregó públicamente, sin ningún temor: «Tengan absoluta seguridad de que eso no los perjudicará en nada; por el contrario, los iluminará y ayudará a encontrar el verdadero propósito de la vida». Y terminó su discurso diciendo: «Es mejor invertir hoy quince o veinte dólares comprando una Biblia, que gastar mañana cien dólares por hora en el consultorio de un siquiatra».

Muchos de los problemas actuales serían resueltos si, simplemente, los hombres buscaran en la Palabra de Dios la solución para sus aflicciones. El miedo, el vacío de corazón, la ansiedad, la culpa, la falta de paz en los hogares y en la vida personal, la soledad y el deseo suicida, todos estos son síntomas de la desesperanza del corazón humano sin Cristo. En Él, encontrará la satisfacción y la felicidad a través de sus palabras santas. Mediante la lectura de la Palabra de Dios usted tendrá el conocimiento necesario para vivir una vida plena, saludable y feliz junto a su familia y a las demás personas alrededor del mundo.

Hace mucho tiempo atrás, oí hablar que en la ciudad de Nueva York había un siquiatra cristiano que recibía a sus pacientes con una sonrisa y un Nuevo Testamento en la mano. Cuando la consulta terminaba, y la persona se levantaba para irse, era sorprendida con las palabras del médico que le decía: «¡Yo tengo la solución para su problema!» «¿En verdad, doctor?», exclamaba el paciente. El médico respondía: «¡Sí! Tome este Nuevo Testamento, léalo, y él solucionará todos sus problemas emocionales, mentales y sicológicos, pues en sus palabras encontrará la cura para su alma, lo que yo no puedo darle y que ningún siquiatra o sicólogo en esta tierra podrá ofrecerle».

Las palabras de Jesús están llenas de compasión, amor, cariño y consuelo, que pueden aliviar los corazones cargados y cansados. Aunque los consultorios médicos estén repletos de pacientes con enfermedades físicas, el problema real es espiritual. Son las enfermedades espirituales del hombre moderno las que no lo dejan vivir plenamente y disfrutar de lo que Dios puede dar si tan solamente él conociese a Cristo y aceptase sus palabras.

En cierta ocasión, en un cuarto de hotel en Puerto Rico, un

hombre estaba dispuesto a suicidarse. Otro joven, que había percibido lo que estaba sucediendo al mirar desde la ventana de otro cuarto, tocó a la puerta en el instante en que el hombre tenía un revolver apuntando para su cabeza. Al abrir la puerta, el suicida no se dio cuenta que estaba con el arma en la mano. Este hombre, llorando, le contó al joven que se iba a quitar la vida porque la noche anterior, en el casino, había perdido todo lo que tenía en el juego de cartas, y ya no había más solución para él. El joven, que era creyente, sacó de su bolsillo un Nuevo Testamento y se lo entregó diciendo: «¡Este libro cambiará su vida, léalo!» Después de algunos momentos juntos, el hombre se arrodilló y, llorando, entregó su corazón a Cristo. Desde ese momento, leyó el Nuevo Testamento atentamente. Años después, ese hombre fue pastor. Su iglesia se preparaba para recibir a un joven evangelista que, al llegar, el pastor reconoció: «¡Tú eres el joven que me dio el Nuevo Testamento el día que yo me iba a suicidar!» «¡Sí, soy yo! Dios me llamó al ministerio, y hoy soy predicador de su Palabra», dijo el joven. Es maravilloso ver lo que el poder de la Palabra de Dios puede hacer en el corazón de aquel que se rinde enteramente a Cristo.

2- Los salvos deben comprender que la Palabra de Dios es imparcial en todos sus juicios

La Escritura es imparcial y no favorece a nadie en todos sus juicios. Para Dios no existe un grupo de «personas especiales»; todos somos especiales e iguales ante Él. Vea la instrucción de Dios en el libro de Éxodo: «La misma ley será para el natural, y para el extranjero que habitare entre vosotros» (Éxodo 12.49). Moisés dejó en claro las palabras del Señor al pueblo: «Un mismo estatuto tendréis para el extranjero, como para el natural; porque yo soy Jehová vuestro Dios» (Levítico 24.22).

Lamentablemente, existen iglesias y ministerios que poseen dos medidas y, así, están siempre favoreciendo a los «poderosos» de la iglesia. En estos casos, las personas en mejores condiciones financieras son siempre privilegiadas. Muchos pastores tratan de forma diferente a aquellos que ofrendan un diezmo elevado. Nadie merece un «trato especial», pues, cuando predicamos la Palabra, ella debe cortar a todos por igual y no solamente a algunos. Ella debe alcanzar a toda la congregación indistintamente.

> Porque Jehová vuestro Dios es Dios de dioses y Señor de señores, Dios grande, poderoso y temible, que no hace acepción de personas, ni toma cohecho (Deuteronomio 10.17).

Él siempre es justo. Nosotros precisamos aprender que no hay distinción entre «categorías» o grupos de personas en la iglesia.

> ¿Cuánto menos a aquel que no hace acepción de personas de príncipes, ni respeta más al rico que al pobre, porque todos son obra de sus manos? (Job 34.19).

¿Cuántos abogados y jueces se venden y pervierten la justicia? ¿Cuántos han sido parciales en sus juicios? Lea lo que el libro de Proverbios nos enseña: «Hacer acepción de personas en el juicio no es bueno» (Proverbios 24.23). Que Dios nos enseñe a caminar en la justicia divina y no en nuestra propia concepción de lo que es justicia. Este principio está en toda la Escritura:

> Hacer acepción de personas no es bueno; hasta por un bocado de pan prevaricará el hombre (Proverbios 28.21).

La Biblia nos muestra que los líderes de la Iglesia Primitiva estaban conscientes del problema de discriminación entre hermanos; por eso, fueron enfáticos en la enseñanza respecto a esto, a fin de que la Iglesia, aprendiendo sobre la justicia de Dios, viese siempre al otro como una persona digna de respeto y amor. Por ejemplo, Pedro, en su discurso en Cesarea, colocó claramente la posición del Señor con relación a este tema: «Entonces Pedro, abriendo la boca, dijo: En verdad comprendo que Dios no hace acepción de personas, sino que en toda nación se agrada del que le teme y hace justicia» (Hechos 10.34-35). Nuestra tendencia humana es impresionarnos con las apariencias, pero Dios no es así. Nosotros miramos el exterior de la persona, mientras que el Señor mira el corazón. El apóstol Pablo también sabía cuán delicado era ese asunto y lo trató repetidas veces en sus cartas. Dijo a la iglesia en Roma: «Porque no hay acepción de personas para con Dios» (Romanos 2.11). A las iglesias en Galacia, enfatizó nuevamente este principio: « Dios no hace acepción de personas» (Gálatas 2.6). A la iglesia en Éfeso, le dijo: «Para él no hay acepción de personas» (Efesios 6.9). A la iglesia en Colosas: «Mas el que hace injusticia, recibirá la injusticia que hiciere, porque no hay acepción de personas» (Colosenses 3.25). A Timoteo, su hijo en la fe, Pablo le afirmó: «Te encarezco delante de Dios y del Señor Jesucristo ...]que guardes estas cosas sin prejuicios, no haciendo nada con parcialidad» (1 Timoteo 5.21). Santiago, escribiendo a las iglesias de las doce tribus de la dispersión, declaró: «Hermanos míos, que vuestra fe en nuestro glorioso Señor Jesucristo sea sin acepción de personas. Pero si hacéis acepción de personas, cometéis pecado» (Santiago 2.1,9). Y, finalmente, Pedro, a las iglesias de los extranjeros de la dispersión en Ponto, en Galacia, en Capadocia, en Asia y en Bitinia, afirmó: «Y si invocáis por Padre a aquel que sin acepción de personas juzga según la obra de cada uno, conducíos en temor todo el tiempo de vuestra peregrinación» (1 Pedro 1.17). Entre los hermanos de la Iglesia Primitiva había mucha discriminación, y percibimos que hoy, en nuestras iglesias, no es tan diferente. Anhelo que podamos aprender con las enseñanzas de los apóstoles y también con la historia de un joven predicador que contaré a continuación.

Un seminarista recién recibido fue invitado a predicar por primera vez un domingo por la mañana. Él era hijo de un pastor muy reconocido, y eso le causaba un cierto orgullo y pretensión delante de sus «humildes» compañeros de clase. Todos lo conocían como un joven con grandes expectativas y futuro en el ministerio de la predicación. Sabían que él hacía cierta distinción en sus amistades y que también hacía acepción entre sus colegas, pero, igualmente, era un buen joven, según sus propios amigos del seminario. Todo el cuerpo ministerial fue invitado para oírlo. Sus padres también estarían allí. La expectativa era grande en oír al «hijo del pastor» traer su primer sermón oficial después de su graduación. Él había sido el mejor alumno, pero su corazón un tanto «orgulloso» y sus actitudes siempre discriminatorias con los demás llegaron al punto culminante cuando vio a todos los «grandes» presentes para oírlo. Sus emociones lo traicionaron. Cuando fue invitado al púlpito, hizo su saludo con toda reverencia, pero se puso muy nervioso Sus piernas comenzaron a temblar, sus manos a sudar, al ver a sus colegas «importantes», y también a los «no importantes» para él, y a todo el ministerio del Seminario reunido. Él sabía que no podía cometer errores. Al abrir la Biblia, comprobó que el bosquejo del sermón que había preparado no estaba allí. Lo había olvidado en casa. El temor se apoderó del «novato predicador». Cerca de él, en los primeros asientos, estaban los profesores, y, atemorizado al ver que su sermón no estaba con él, sin saber qué decir, comenzó a hablar: «Ah, en esta mañana... Ah, en esta mañana yo voy, ah... yo voy en esta mañana, ah, bien... en esta mañana yo voy...» (*Todos* notaron que algo estaba mal). Y el «predicador» continuó: «Ah, pues bien... yo voy, entonces, en esta mañana... ah, en esta mañana yo voy». De repente, con todo el nerviosismo que tenía, apoyó sus brazos en el púlpito y, sin darse cuenta, empujó la tarima de plástico transparente en forma de cruz hasta caer de la plataforma. Todo cayó sobre una ancianita profesora de geografía bíblica. Extremadamente avergonzado y humillado delante de todos, pidió disculpas a la ancianita, diciendo: «Perdóneme profesora, es que estoy muy, muy nervioso» Para no aumentar todavía más su nerviosismo, ya que ella sabía cómo era él y que Dios había permitido que pasase por aquella situación para humillarlo ante todos, la viejita respondió con amabilidad: «No hay problema jovencito. Varias veces habías anunciado que esto sucedería al decir: "En esta mañana yo voy, yo voy... en esta mañana y en esta mañana yo voy..." La culpa es mía por no haberme salido del lugar, habiendo avisado tantas veces que venías. Finalmente terminaste viniendo sobre mí, con púlpito, con Biblia y con el vaso de agua... menos con el sermón que tenías para predicar» Que el Señor nos libre de sentimientos de discriminación. Somos todos iguales ante Dios; nunca se olvide de esto. ¡Nosotros no somos grande; grande es el Señor!

Grande es Jehová, y digno de suprema alabanza; y su grandeza es inescrutable (Salmos 145.3).

El profeta Isaías nos dice que las naciones y todos nosotros somos «menos que nada» (Isaías 40.17) Esto es lo que somos, menos que nada. ¿Ya vio cuán grande es usted?

3- Algunos están dispuestos a morir por la Palabra de Dios

Yo Juan, vuestro hermano, y copartícipe vuestro en la tribulación, en el reino y en la paciencia de Jesucristo, estaba en la isla llamada Patmos, por causa de la palabra de Dios y el testimonio de Jesucristo (Apocalipsis 1.9).

No importa lo que suframos por la Palabra, debemos padecer por ella y enfrentar todas las oposiciones que se levanten en su contra. Ella siempre vencerá. Juan, el discípulo amado, estaba preso en la isla de Patmos por predicar la Palabra «ilegalmente» en el Imperio Romano. Él fue encadenado y llevado a aquella isla para morir. Fue exactamente allí donde Dios le dio la gran revelación del Apocalipsis. Miles y miles de personas, a través de la historia, desde los tiempos bíblicos hasta hoy, sufrieron martirio por la causa del Señor. Aún hoy en día, muchos son perseguidos, torturados y prefieren morir antes que negar a Cristo y a su Palabra.

Durante la Conferencia de Billy Graham en Holanda, en 1983, tuve el gran privilegio y honra de encontrarme con el hermano Andrés (conocido como el contrabandista de Dios por llevar cargamentos de Biblias a los países de Europa Oriental), fundador del Ministerio Internacional Puertas Abiertas. Él es un hombre extraordinariamente valiente; usted debe conocer sus libros. Durante una de las tantas veces que llevó Biblias a la Cortina de Hierro, mientras cruzaba la frontera entre Checoslovaquia y Polonia en su auto, el guardia comunista lo detuvo al notar que su automóvil estaba muy bajo, casi pegado al piso. Le pidió el pasaporte y le preguntó:

—¿Qué trae en este auto que está tan bajo?

—Ah, ¡nada! —respondió el hermano Andrés. (El auto estaba cargado de Biblias.)

—¡Nada! —susurró el guardia dudando— ¿Usted no trae nada?

Mientras los dos hablaban, el guardia hojeaba el pasaporte y, mirando al hermano Andrés, le inquirió:

—¿Por qué está tan nervioso?

—¿Yo? —prosiguió el hermano Andrés. Yo no estoy nervioso.

—Hum, bien... tendré que dar una miradita rápida a su auto y verificar por qué está tan cargado —Agregó el guardia, indicándole al «nervioso» hermano Andrés que saliera del auto para poder revisarlo.

En ese momento, el Señor le habló al hermano Andrés y le dijo:

—Sal y deja al hombre revisar el auto.

—¡¿Revisarlo?! —dijo el hermano Andrés— Señor, ¿dijiste revisarlo?

—Eso mismo —replicó el Señor. Revisarlo.

El hermano Andrés oró una oración «telegrama» antes de salir del auto: «Oh, Señor Jesús, cuando estuviste en la tierra, le diste vista a aquellos que no tenían. Ahora te pido que se la quites a este hombre que la tiene... en el nombre de Jesús» Y saliendo del auto, el guardia lo revisó completamente. Comenzó con los asientos, abrió las dos puertas, miró debajo de las alfombras; abrió el capot del motor y miró por todos lados; abrió el baúl y... encontró algunas cajas cerradas. Abrió las cajas y... dijo:

—¡Entre a su auto! Aquí está su pasaporte con la visa de entrada a Polonia.

El contrabandista de Biblias no lo podía creer.

—¿Quiere decir que permitirá que pase?

—¡Sí! —respondió el guardia. Solamente una cosa más. Ya sé por qué su auto está tan bajo; es por el peso que contienen las cajas que revisé. Siga mi consejo: vaya a la mayor velocidad que pueda, si no, se pudrirán todos los tomates y lechugas que están dentro de las cajas.

Nuestro Dios es un Dios de milagros. Él es el mismo hoy, ayer y será el mismo para siempre... El guardia, en lugar de ver las Biblias en las cajas que abrió, vio tomates y lechugas. Gracias a Dios por aquellos que están dispuestos a dar su vida para que la Palabra de Dios sea proclamada en los países comunistas, árabes, musulmanes, budistas, socialistas, etc.

4- Algunos testifican de la Palabra de Dios en los momentos de aflicción

Mi escondedero y mi escudo eres tú; en tu palabra he esperado (Salmos 119.114).

Millones de personas, en tiempos de adversidad, aflicción, tragedias, crisis, enfermedades y guerras, han puesto su confianza, fe y esperanza en la Palabra de Dios. Conozco algunos veteranos de guerra creyentes que estuvieron en Vietnam en la década de 1960 por el ejército de los Estados Unidos. Son hombres que vieron morir a sus amigos y sobrevivieron a momentos extremamente difíciles. Conozco un hermano llamado Tomy, de Long Island, en Nueva York, quien cuenta experiencias tremendas. En cierta ocasión, él vio a sus compañeros ser masacrados por los comunistas durante un bombardeo por helicóptero, y todo lo que él hizo fue inclinar su cabeza, con su Nuevo Testamento en las manos, y orar de rodillas en la trinchera para que Dios salvase su vida. Y Dios oyó su oración. Él puso su fe en la Palabra de

Dios que dice: «Acuérdate de la palabra dada a tu siervo, en la cual me has hecho esperar. Ella es mi consuelo en mi aflicción, porque tu dicho me ha vivificado» (Salmos 119.49-50). ¡Dios es fiel! ¡Él no falla y no fallará! No importa la situación que usted esté enfrentando, en los momentos difíciles, busque la Palabra de Dios. Abra y lea las promesas para su vida. ¡Ellas son reales! ¡Crea!

Un joven marinero creyente tenía bajo su responsabilidad la radio de un barco durante la Segunda Guerra Mundial. Tenía la costumbre de terminar el día con una lectura bíblica y una oración y las transmitía por la radio. Una mañana, muy temprano, después que pasó la noche en guardia, leyó el Salmo 23 y tuvo la idea de transmitirlo por radio. Los otros barcos también lo estaban escuchando. Leyó el salmo cuidadosamente y, cuando llegó al versículo 4, dio énfasis y dijo, con un nudo en la garganta, casi llorando: «Aunque ande en valle de sombra de muerte, no temeré mal alguno, porque tú estarás conmigo». Prosiguiendo, concluyó con el versículo 6: «Ciertamente el bien y la misericordia me seguirán todos los días de mi vida, y en la casa de Jehová moraré por largos días». Apenas terminó de leer, se sorprendió al oír, en alta mar, hombres de dieciséis barcos responder de vuelta por la radio, a coro y a una sola voz, a lo que él había leído: «¡Amén, amén!»

¿Qué libro es este que ha dado consuelo, fuerza y esperanza a tantas personas en los momentos de aflicción? ¿Qué libro es este que continúa siendo el más vendido del mundo, año tras año? ¡Es la Biblia! ¡El Libro de los libros! ¡El libro diferente! Los siglos pasan, pero la Biblia permanece. Los imperios se levantan y caen y son olvidados; la Biblia permanece. Las dinastías aparecen y terminan; la Biblia permanece. Los reyes son coronados y destronados; la Biblia permanece. Los emperadores decretan su destrucción, pero la Biblia permanece. Los ateos la atacan, pero la Biblia permanece. Los agnósticos no la aceptan, pero ella permanece. Los incrédulos la abandonan, pero la Biblia permanece. Los «intelectuales» niegan su inspiración, pero la Biblia permanece. Ella ha sido tirada a las hogueras e incendiada, pero la Palabra permanece. Muchos dicen que ella será abandonada y olvidada, pero la Biblia permanece... Ella permanecerá siempre, por los siglos de los siglos.

5- La Palabra puede curar su enfermedad

Si oyeres atentamente la voz de Jehová tu Dios, e hicieres lo recto delante de sus ojos, y dieres oído a sus mandamientos, y guardares todos sus estatutos, ninguna enfermedad de las que envié a los egipcios te enviaré a ti; porque yo soy Jehová tu sanador (Éxodo 15.26).

Uno de los nombres atribuidos a Dios en el Antiguo Testamento es Jehová *Rhaffa*, cuyo significado es Jehová Sanador; inclusive, este es uno entre otros nombres de Dios revelados en las Escrituras. ¡Dios es aquel que nos cura! Si usted está enfermo, crea en su Palabra y será sanado. La Palabra de Dios tiene el poder para curarlo.

Envió **su palabra**, y los sanó, y los libró de su ruina (Salmos 107.20).

Usted debe creer en la Palabra, creer en lo que está escrito. Los médicos podrán decir una cosa; usted debe creer otra. Es claro que Dios usa a los médicos, y yo creo en ellos. Lucas mismo era médico; «Os saluda Lucas el médico amado» (Colosenses 4.14). Pero creo más en Dios que en los médicos porque Dios los usa para nuestro beneficio, pero los milagros solamente puede hacerlos el Señor. «Ciertamente llevó él [Cristo] nuestras **enfermedades**, y sufrió nuestros **dolores**; y nosotros le tuvimos por azotado, por herido de Dios y abatido. Y por su llaga fuimos nosotros curados» (Isaías 53.4-5).

Su sanidad ya aconteció en la cruz del Calvario. El texto de Isaías dice *«fuimos»*. ¡Es pasado! Él ya llevó sus dolores y sus enfermedades. Todo lo que usted debe hacer es creer en la Palabra que dice que fuimos curados. Jesús cumplió esta Escritura:

Y cuando llegó la noche, trajeron a él muchos endemoniados; y con la palabra echó fuera a los demonios, y sanó a todos los enfermos; para que se cumpliese lo dicho por el profeta Isaías, cuando dijo: El mismo tomó nuestras enfermedades, y llevó nuestras dolencias (Mateo 8.16-17).

El evangelista nos afirma que Jesús sanó a todos los enfermos con *«la palabra»*. ¡Es la Palabra que cura! ¡Crea! Cuando el criado del centurión estaba enfermo, el propio centurión dijo que bastaría una palabra de Jesús: «Respondió el centurión y dijo: Señor, no soy digno de que entres bajo mi techo; solamente di la **palabra**, y mi criado sanará» (Mateo 8.8). *«¡Di la palabra!»* El centurión sabía que en la Palabra de Cristo había poder para curar. El centurión reconoció que, así como en el mundo natural él tenía autoridad al dar órdenes a sus subordinados, Jesús, en el mundo y en la esfera espiritual, tenía poder para curar a los enfermos con **su Palabra**. ¿Qué ocurrió según el relato bíblico? «Entonces Jesús dijo al centurión: Ve, y como creíste, te sea hecho. Y su criado fue sanado en aquella misma hora» (Mateo 8.13). En otra ocasión, dice la Biblia que Jesús siguió haciendo milagros y prodigios entre el pueblo: «Y recorrió Jesús toda Galilea, enseñando en las sinagogas de ellos, y predicando el evangelio del reino, y **sanando** toda enfermedad y toda dolencia en el pueblo» (Mateo 4.23). Usted está incluido aquí. Él quiere curar su enfermedad para su gloria y honra.

Pablo, haciendo eco del salmo 116, escribió a los hermanos de Corinto: «Pero teniendo el mismo espíritu de fe, conforme a lo que está escrito: Creí, por lo cual hablé, nosotros también creemos, por lo cual también hablamos» (2 Corintios 4.13). En otras palabras, él estaba diciendo: Confíe en la Palabra de Dios, creyendo en su corazón, y Él hará el milagro en su vida. Usted debe creer y después hablar. Crea que está sanado y, entonces, hable por fe, y así será. En el libro a los romanos, Pablo nos dice que: «Así que la fe es por el oír, y el oír, por la palabra de Dios» (Romanos 10.17). Deposite su fe en la Palabra que le dice: «¡Yo soy el Señor que **te sana**!»

En cierta ocasión, una joven creyente estaba muy enferma de tuberculosis. Los médicos ya la habían enviado de vuelta a su casa para morir, pues la medicina no tenía más esperanza para ella. Una noche, leyendo la Biblia, la joven leyó un pasaje de la primera carta de Pedro que dice: «Quien llevó él mismo nuestros pecados en su cuerpo sobre el madero ...]por cuya herida **fuisteis sanados**» (1 Pedro 2.24). Leyó, releyó este texto, y el Espíritu de Dios habló a su corazón: «El mismo Jesús que llevó tus pecados es el mismo Jesús que llevó tus enfermedades». En el mismo momento, una fe extraordinaria en la Palabra de Dios se apoderó del corazón de aquella joven. Llamó entre gritos a su madre, que estaba en el cuarto contiguo: «Mamá, mamá...» Corriendo, su madre entró al cuarto pensando que le había sucedido algo y preguntó: «¿Qué sucede? ¿qué sucede?» La joven exclamó: «Creo que Jesús llevó mis enfermedades en la cruz, por lo tanto, estoy curada por la Palabra de Dios». En ese mismo instante comenzó a levantarse de su lecho de enfermedad, quitó las sondas que estaban en su cuerpo ,y por fe en la Palabra de Dios, quedó de pie y comenzó a caminar. Salió del cuarto gritando de felicidad para el asombro de su madre: «¡Estoy curada! ¡Estoy curada! ¡Aleluya! La Palabra de Dios dice que yo estoy curada». Realmente, aquella joven fue curada y hoy vive por el poder de la Palabra de Dios, porque colocó su fe en las Escrituras.

En nuestras cruzadas, hemos visto milagros extraordinarios, cuando las personas colocan su fe, sin dudas o incredulidad, en la simple Palabra de Dios.

Un milagro

En la madrugada del día 15 de febrero de 1981, en la ciudad de Sapiranga, en el estado de Río Grande do Sul, mi hermano Tayrone sufrió un accidente automovilístico terrible. Su caso era tan grave que lo llevaron a la ciudad de Porto Alegre, pues las ciudades pequeñas del interior, como Sapiranga o Novo Hamburgo, no estaban en condiciones de atenderlo por la gravedad del accidente. Entonces, lo trasladaron a la sala de primeros auxilios de la capital gaucha. El primer día, los médicos dijeron que lo que podían hacer por él ya había sido hecho. Él debería ser transferido a un hospital más especializado y moderno, a causa del daño cerebral que había sufrido. Mi padre, Jesús Pujol, al llegar a Porto Alegre, pidió que mi madre Ione y yo, fuésemos a la Iglesia Asamblea de Dios de la calle General Neto a buscar la ayuda de algún pastor para que fuese a orar por Tayrone. Desesperados, fuimos a buscar ayuda a la casa del Señor. Ese día maravilloso, 15 de febrero de 1981, fue el que Dios había preparado para mi «conversión real», pues había crecido en la iglesia, en los bancos de la Escuela Dominical, pero aún no había tenido un encuentro «real» con Dios.

Llegamos exactamente cuando el coro cantaba «Gloria, gloria, aleluya, gloria, gloria, aleluya, venciendo viene Jesús...» Corrí al altar y, entre lágrimas, entregué mi corazón a Jesús, convirtiéndome de mis pecados y pidiendo al Señor que tuviese misericordia de Tayrone, pues estaba al borde de la muerte. Después del culto, fuimos a la oficina del pastor, que conocía a nuestra familia, y, al explicarle nuestra aflicción y necesidad, envió a un hermano con nosotros hasta el sanatorio para orar por Tayrone, que ya estaba en coma cerebral. Mi hermano permaneció una semana en el sanatorio. Allí, contrajo una pulmonía doble. El lado izquierdo de su cuerpo había quedado paralítico, tenía agua en el cerebro y, cuando lo transfirieron a otro hospital, sufrió un paro cardíaco de casi tres minutos y lo resucitaron con electrochoque. Pero nosotros sabemos que fue el Dios todopoderoso quien no permitió que él muriese sin salvación.

En el hospital de la PUC, permaneció casi sesenta y siete días en estado profundo de coma cerebral, debido al golpe que había sufrido en la cabeza, en el impacto del accidente, el cual fue contra un poste y dejó su automóvil totalmente destruido.

Mis queridos padres, los hermanos en Cristo, y toda nuestra familia creyeron, oraron, y muchos ayunaron luchando contra las tinieblas para ver acontecer el milagro. Nuestra fe fue probada muchas veces y de muchas maneras durante los sesenta y siete días en que Tayrone permaneció en coma. El médico responsable, el Dr. Ibraim, nos recomendó a un médico ateo para que extrayera el agua del cerebro de Tayrone, pero tendríamos que llevarlo a Argentina. Este médico sabía que éramos creyentes y que operaría a mi hermano, dejando en claro que Dios no tendría nada que ver con la cirugía; lo que él haría sería por sus habilidades. ¡Nosotros decidimos que la operación no se realizara! Algunos médicos decían que Tayrone no sobreviviría, y mi tío aconsejó a mi padre que ya preparásemos la tumba de la familia.

El hijo del dueño de la empresa donde Tayrone trabajaba antes de sufrir el accidente vino a buscar a mi madre para ofrecer su «ayuda». Él conocía un «hechicero muy bueno», pero precisaba un trozo de ropa de Tayrone para hacer el «trabajo». Este hechicero poseía fama de «curandero». Mi madre respondió que la vida de Tayrone estaba en las manos de Dios y que el gran sanador, el Señor Jesucristo, ¡ya estaba en control de la situación y que nosotros confiábamos en Él y solamente en Él!

En la primera semana del accidente, fui invitado a participar del culto de damas en la congregación de la Asamblea de Dios de Porto Alegre en el barrio de Araçá. Mi madre no pudo ir, pero yo asistí. Al llegar, percibí que yo era el único muchacho en medio de las hermanas. Una hermana llamada Teresa, gran sierva de Dios, que era paralítica, estaba sentada de espaldas a mí; levantó su mano, sin verme, y dijo: «Aquí hay un joven, y Dios le está diciendo que el accidente de su hermano no es para muerte, sino para que Dios sea glorificado en él. Pasa al frente que la hermana Julia orará por ti». Así lo hice; me arrodillé y lloré mucho. La hermana Julia, que era una profetiza de Dios, encargada de la pequeña congregación de Araçá, me dio una larga profecía, desde mi nacimiento hasta aquel momento y me dijo lo que Dios haría conmigo (ahora vemos su cumplimiento) y que mi hermano no moriría, sino que el Señor sería glorificado en su vida. Temblé ante la presencia del Señor, y jamás olvidaré estas palabras: «Muchos me conocerán a través de este accidente y, para ti, digo que te usaré en gran manera, pues predicarás mi evangelio en los cuatro rincones de la tierra para la gloria de mi nombre». Fue en Araçá, en esta humilde y pequeña iglesia, que di mis primeros pasos «predicando» los viernes en los cultos de jóvenes. Jamás olvidaré el amor de aquellos hermanos de Araçá y de la sede de la Iglesia Asamblea de Dios en Porto Alegre, que nos ayudaron con tanto cariño, perseverancia y oración.

En la tarde del día 21 de abril de 1981, casi sesenta y siete días después de que Tayrone entrara en coma cerebral, el hermano Lucas fue al hospital y oró por él. Muchos pastores y hermanos lo habían hecho durante todos esos días en el hospital. En la mañana del día 22 de abril, Tayrone despertó milagrosamente de su estado de coma, para el asombro de todos los médicos y de aquellos que conocían el caso de su accidente.

Por el **poder de Dios** y por el poder sanador del **nombre del Señor Jesucristo**, Tayrone despertó, abrió los ojos, se sentó en la cama, hizo señas con las manos y los brazos, que tenían las sondas que lo alimentaban, y le pidió a la enfermera un pedazo de papel y una lápiz, pues no podía hablar. Escribió que tenía hambre y que quería tomar leche con chocolate... ¡Aleluya! ¿Puede imaginar cuán atónitas quedaron todas las enfermeras que lo atendían?

Todo el personal del hospital de la PUC quedó maravillado. Los médicos y hasta el director del hospital fueron a ver lo que estaba pasando. El Dr. Ibraim no podía creerlo. Llamaron a mi madre desde el hospital, contándole lo que había acontecido y, al llegar al cuarto de mi hermano, ella se asustó al ver tanta gente adentro. Médicos, estudiantes de medicina, enfermeras y mucamas fueron a ver la increíble sanidad de Tayrone después de tantos días en estado de coma cerebral. Todos hablaban del gran «milagro de Dios» en la vida del joven de veinte años de edad que estaba en coma. Algunos decían: «Ellos son aleluyas y creyentes». «¡Sí, es así!», respondió mi madre a todos, con lágrimas en los ojos de felicidad al abrazar a su hijo, quien la miraba, tratando de recordar algo. ¡Aleluya! Esto es lo que hace Dios. Durante todo ese tiempo, nosotros confesamos la Palabra de Dios, confesamos que Tayrone sanaría. Los médicos decían una cosa, pero Dios decía otra. La honra y la gloria es del Señor Jesucristo, que levantó y sanó a Tayrone milagrosamente y que, a través de este accidente, me salvó a los dieciocho años de edad, llamándome a predicar su Palabra en el mundo entero. Eso es lo que he hecho y haré. Podemos ver a Dios hacer muchos milagros a través de una fe simple en su Palabra.

El Rev. Josué Yrión predica con poder la Palabra de Dios
en la cruzada en Madras, India. Agosto de 1999.

Parte de la multitud de 70 mil personas que escuchaban la Palabra de Dios en Madras, India.

Parte de la multitud de 70 mil personas que escuchaban la Palabra de Dios en Madras, India.

Cruzada en Ghana, Agosto, 2001.

ACERCA DEL AUTOR

El Rdo. Josué Yrion es un evangelista internacional que a su edad ha logrado un reconocimiento destacable. Ha predicado a millones de personas en 71 países en todos los continentes del mundo en la unción del Espíritu Santo. Esto ha resultado en la salvación de multitudes para Cristo. En 1985 estuvo en la Unión Soviética y regresó a predicar a Rusia en 1993 en una base militar soviética en Moscú, adonde su ministerio llevó dieciséis mil Biblias. Ha recibido muchos honores incluyendo la medalla del Congreso chileno y una placa del gobierno de Chile como Hijo y Visita Ilustre de Viña del Mar. Fue el primer ministro latinoamericano en predicar en una cruzada en Madras (Chennai), India, donde setenta mil personas fueron testigos del poder de Dios a través de milagros y prodigios. Es maestro activo y acreditado de misiología del curso "Perspectivas", de la División Latinoamericana de la Universidad William Carey y del Centro Mundial de Misiones en California. Es presidente del Instituto Teológico Josué Yrion en Manipur, India, donde muchos están siendo entrenados para alcanzar los países aun no evangelizados del Asia. Al momento su ministerio sostiene financieramente a 27 misioneros alrededor del mundo y su organización cuenta con una oficina en cada continente. Su ministerio se encuentra entre las 825 organizaciones misioneras reconocidas por el Libro de Consulta de Misiones (Mission Handbook) del Centro Billy Graham, EMIS (Servicio de Información de Evangelismo y Misiones) editado por Wheaton College. Es autor de los libros: *El poder de la Palabra de Dios; Heme aquí, Señor, envíame a mí; La crisis en la familia de hoy; La fe que mueve la mano de Dios; El secreto de la oración eficaz y La vida espiritual victoriosa.* Es ministro ordenado del Concilio General de las Asambleas de Dios en Estados Unidos y fundador y presidente de Josué Yrion Evangelismo y Misiones Mundiales, Inc. Reside con su esposa Damaris y sus hijos Kathryn y Joshua Yrion en Los Ángeles, California, EE.UU.

Si desea recibir un catálogo con los títulos de nuestros libros, DVDs, Videos y CDs disponibles en inglés, español y portugués, u otra información de nuestras cruzadas evangelísticas alrededor del mundo, búsquenos en nuestra página en la Internet: www.josueyrion. org o escriba a la siguiente dirección:

JOSUÉ YRION EVANGELISMO Y MISIONES MUNDIALES, INC.
P. O. Box 768
La Mirada, CA. 90637-0768, EE.UU.
Teléfono (562) 928-8892 Fax (562) 947-2268
www.josueyrion.org
josueyrion@josueyrion.org
josueyrion@msn.com